离职雇员群体

对企业重大信用风险的预警

陈飞 左小德 ◎ 著

THE EARLY WARNING OF THE SIGNIFICANT
CREDIT RISK OF ENTERPRISES BY THE
GROUP TURNOVER OF EMPLOYEES

经济管理出版社
ECONOMY & MANAGEMENT PUBLISHING HOUSE

图书在版编目（CIP）数据

雇员群体离职对企业重大信用风险的预警/陈飞，左小德著 . —北京：经济管理出版社，2022.7
ISBN 978-7-5096-8626-3

Ⅰ.①雇… Ⅱ.①陈… ②左… Ⅲ.①企业管理—人力资源管理—影响—企业信用—风险管理—研究 Ⅳ.①F272.92 ②F830.56

中国版本图书馆 CIP 数据核字（2022）第 128708 号

组稿编辑：杜　　菲
责任编辑：杨国强
责任印制：黄章平
责任校对：董杉珊

出版发行：经济管理出版社
　　　　　（北京市海淀区北蜂窝 8 号中雅大厦 A 座 11 层　100038）
网　　址：www. E-mp. com. cn
电　　话：(010) 51915602
印　　刷：唐山昊达印刷有限公司
经　　销：新华书店
开　　本：720mm×1000mm/16
印　　张：13
字　　数：174 千字
版　　次：2022 年 9 月第 1 版　　2022 年 9 月第 1 次印刷
书　　号：ISBN 978-7-5096-8626-3
定　　价：88.00 元

前　言

　　传统的信用（信贷）风险模型主要从企业财务、企业征信、企业产品等维度分析企业的风险状况，往往忽略了企业人员这个关键维度所释放出的风险信号。本书研究认为，企业在爆发重大风险前，往往会出现企业雇员的群体性离职现象。这种情况类似于地震前会有动物的大量迁徙、山洪暴发前蟾蜍的集体离开，因此，企业爆发重大风险前也会出现雇员的群体性异动，预示企业存在着重大风险。所以，银行等金融机构可以将借款企业的雇员群体性离职数据增添为一个十分重要的风险维度，从而提前对企业采取风险预警、信贷保全等贷后措施。该研究角度是和目前传统以财务分析为主的信贷风控角度有很大不同的新视角。

　　本书采用 QSIM 定性仿真模型模拟企业重大风险对雇员产生的离职压力，继而推导研究这种压力会导致雇员出现什么样的群体离职趋势，并以这些离职趋势为预警信号，构建评分卡预警模型并检验，最后得出结论与启示。

　　本书共七章。采用"提出问题—分析问题—解决问题—建模检验—案例分析"的思路。各章的主要内容如下：

　　第一章，绪论。本章主要介绍研究背景，包括信用风险管理在金融乃至社会经济中的特殊重要地位，以及我国信用风险管理在数据真实性及可用性上的困扰。本书的研究增添了企业微观组织行为这个新的风控数据维度，对提高信用风险管理的有效性和准确性有重要意义，并对重要名词作了定义。

　　第二章，企业信用风险管理与雇员离职的理论综述。本章对国外信用风险管理理论从传统化向现代化发展的演进历史作了阐述和分析，指出在风险管理理论现代化的发展过程中不断增加新的数据维度和产生新的风控技术视角；提出了我国信用风险管理中存在财务数据、经济数据等数据维度的真实度有限的问题，建议增添第三方数据维度进行风控建模；介绍了雇员离职的相关理论，主要包括震撼模型、映像理论、嵌入理论三种基础理论。

第三章，企业重大风险对雇员离职压力的 QSIM 定性仿真模型构建。构建雇员离职压力的 QSIM 定性仿真模型，以解决"企业重大风险是否导致群体离职"的问题。本章将重大信用风险划分为若干细分类别，以 QSIM 定性仿真模型为工具，对具有重大信用风险的企业对于雇员的离职压力进行模拟，构建了离职压力仿真模型，并使用该仿真模型研究前述各细分风险类别下离职压力所形成的离职结果。本章的研究成果在后文中用于推导风险预警信号。

第四章，雇员群体离职对企业重大风险的预警信号的推导及假设。推导风险预警信号并完成预警假设，以解决"企业重大风险如何导致群体离职"的问题。本章借助第三章的雇员离职压力 QSIM 定性仿真模型的离职压力结论，以雇员离职理论与信用风险管理理论为理论基础，推导数种企业明细风险类别如何将离职压力传导给雇员，以及雇员在这些压力下将出现什么样的群体离职趋势，并将这些趋势假设进行汇总，作为判断企业存在风险的预警信号。

第五章，基于预警信号的信用评分卡定量模型的构建与检验。对第四章假设的预警信号进行模型构建与检验，以解决"企业重大风险如何通过群体离职进行预警"的问题。本章选取 1000 余家样本企业的雇员脱敏数据，通过数据清洗、预处理和检验，将变量以 WOE 编码方式离散化，然后采用 Logistic 回归模型进行拟合，形成信用评分卡模型，该模型经 ROC 与 AUC 等检验后显示其预警效果比较理想。

第六章，基于 A 科技集团的案例分析。本章分析 A 科技集团在创业初始、发展成长、壮大扩张、形成风险、爆发风险等阶段的活动轨迹以及相应阶段雇员群体的人员变化情况，同时，通过雇员离职 QSIM 定性仿真模型和评分卡定量模型分别对 A 科技集团爆发风险前五年内的雇员变动数据进行分析。分析结果显示，企业雇员的流动会存在一些额外的数据噪声，在剔除企业特色波动以及数据噪声以后，该模型能够准确地预警 A 科技集团的重大风险，反映出数据与结果的高度吻合。

第七章，结论与启示。对全书进行梳理，总结本书的主要结论，阐述了本书的理论贡献与启示。

本书形成的主要结论集中在两个方面：

一是群体组织行为对企业重大信用风险具有相关性和预警意义。本书推导得出，企业自身风险会对雇员形成压力，导致其产生离职决策，而群体性的离职决策则构成离职的共性趋势，能够成为外部观察者的预警判断信号。因此，在推导以及模型的构建与检验中可以看到，雇员的规模水平、离职率、司龄、历史稳定性、高管流动等指标与企业风险呈现明显的相关性，并且可以构成预警信号。金融机构应关注这些信号的动向，据此考虑对企业采取不同的风险防控措施；而企业应对雇员采取有针对性的举措，如采取赫茨伯格提出的增进保健措施与重视激励措施等。

二是将微观组织行为纳入对公信贷风控具有创新性与现实可行性。以往个体行为不被纳入对公信贷风控有两方面原因：一方面，在实践上存在障碍，即很难获取企业的人员数据资料。本书在结论中指出，近十年来飞速发展的大数据技术与互联网技术已经改变了这种情况。因大量的人员信息平台与人员大数据中心不断出现，已经为此创造了现实可行性。另一方面，在理论上需要企业信用风控的传统理论框架有所突破，而本书正是致力于这个创新性的研究，希望能起到抛砖引玉的作用。

本书的贡献主要来源于三个创新点，即对传统风控研究视角的创新、对 QSIM 定性仿真模型的创新、对震撼理论的创新，具体如下：

第一，对传统风控研究视角的重要突破与创新。从传统风控视角看，企业行为是一种受企业的股东层、董监事层、管理层等多方角力下的共同约束行为，所以是理性行为，而企业的个人行为长期以来被认为属于"非理性行为",一般不会被纳入企业信贷风险管理的理论框架。但本书在企业信贷风控领域提出了以雇员行为汇集而成的"群体行为"概念,推导并验证了作为"群体行为"之一的群体离职行为能反映企业风险状况,所以突破了企业信贷风控对微观组织行为的传统研究限制,提出企业信贷风控的新视角,这是本书最重要的贡献。

第二,对 QSIM 定性仿真模型的创新。QSIM 定性仿真模型是从一个定性约束集和一个初始状态出发,预测系统中每个变量的定性变化方向和变化幅度的模型。经典的 QSIM 定性仿真模型所涉及的数值一般只有简单的 $\{-1, 0, 1\}$ 和 $\{-, 0, +\}$,前者代表变动数值,后者代表变动方向。本书中,一方面,将 QSIM 定性仿真模型涉及的压力强弱程度以 5、4、3、2、1 等刻度表示,从而能更加清晰地进行仿真模拟,科学合理地分析出不同类型的企业重大信用风险对雇员离职意愿的压力强弱、定性变化方向和定性状态值的影响特点,从而判断出雇员的离职情况;另一方面,QSIM 定性仿真模型较多应用于工业领域,在管理学领域虽然有一些研究和应用,但数量比较有限,本书将 QSIM 定性仿真模型结合信用风险管理理论以及信贷风控实务应用于风险管理领域,取得了较好的分析成果。上述两个方面对于 QSIM 定性仿真模型均是开拓和创新。

第三,对震撼理论的创新。震撼理论是验证率最高的雇员离职理论,但普遍被认为存在一个重要的缺陷,即没有深入描述哪些是导致雇员出现离职动机的震撼事件,以致难以进入实际应用。本书在采用震撼理论对数种明细风险情景下雇员离职决策过程进行分析时,明确地揭示了这些震撼事件是指工作与生活中的离职导火索式事件,大到一次项目失败或者一次职位调整、小到一场电影或者一句广告语均可能引起雇员的震撼式联想,同时提供了 4 次个人访谈案例用以描绘具体离职心理过程。因此,本书弥补了震撼理论的一个重要空白,丰富了震撼理论模型。

目　录

第一章

绪 论

一、研究背景和意义

（一）研究背景

重大信用风险是导致金融机构出现风险、亏损甚至破产的重要原因。该风险成因有很多，多集中在借款企业的经营问题上。往往是借款企业通过一定程度粉饰的资料，掩饰企业内部的真实情况，向银行等金融机构申请融资，金融机构审核通过并放款，之后借款企业暴露重大信用风险，从而导致出现信贷违约。特别是，重大信用风险可能直接或者间接地引发金融机构产生一连串的其他风险如流动性风险，从而引发更多的金融机构出现连环性违约事件，甚至诱发社会性危机，例如 2008 年的美国次贷危机，正是由于美国大量的次级信贷合同发生违约，从而引发了全球性金融危机。

如何有效考量信贷风险，从而减少或避免由于信息不对称带来的"黑天鹅"与"灰犀牛"风险事件，是金融机构普遍关注的一个重要课题。从信用风险管理理论与工具的发展背景上，能够看到金融机构为有效控制信用（信贷）风险而做的各种尝试与努力。

信用风险管理的早期，金融机构在企业信用风险评定的技术和模型使用上，以 Z 模型、专家打分法等为主。专家评价法是通过多名专家的工作经验和集体意见，对企业的信用风险审查给出批准、拒绝、复议三种结果，这种方式在中国 20 世纪八九十年代非常常见，今天也仍然较大程度地运用在金融机构对公信用风险的审查工作之中（何宜强，2010）；Z 值分析法是通过和企业贷款违约高度关联指标加权相加的分值结果，来判断企业的信用风险等级；评分法是对企业背景与实力、行业发展、产品市场、财务状况、征信历史等进行综合评分，并形成 AAA、AA、A、BBB、BB 等级别的分数，从而确定其风险水平，同时可以通过映射主标尺取得其违约率（PD）（邹建平等，2003）。

从 20 世纪 90 年代开始，国际领先的银行将证券和保险方面的有效做法更深入地应用在信用风险（信贷风险）领域，取得了一系列成就，出现了一批现代化的信用风险度量模型。比较突出的是美国 J. P. 摩根银行 1996 年在其市场风险模型基础上开发的信用风险管理模型 Credit Metrics，还有 KMV 公司 1997 年在期权定价理论的基础上开发的用于预测企业信贷违约概率的 KMV 模型、瑞士信贷银行（CSFP）在保险精算技术基础上开发的预测信贷和债券资产组合的损失分布的 Credit Risk+模型、麦肯锡公司通过分析宏观变量推测信贷违约率的 Credit Portfolio View 模型等（蔡颖，2006）。

通过上述发展背景的回顾，可以看到，这些信用风险控制理论和模型都是从不同的角度、数据维度实施信用风险的计量与控制，具有领先性。传统方法下的信用度量模型具有主观性强、仅测量单一资产、难以描述企业信用风险的连续性变化等弱点（郭玉华，2010），难以胜任越来越复杂化和多样化的金融资产发展要求。而 Credit Metrics 等现代化的信用度量模型在技术上超越了传统模型，但却具有较强的条件依赖性，比如对数据真实性和适用性的依赖。实际上，对包括中国在内的大多数发展中国家来说，这些现代化信用度量模型的假设条件往往比较欠缺。例如，Credit Metrics 要求借款企业都有公开的信用评级（即第三方评级机构对该企业作出的信用评级），但中国 99% 以上的企业是没有公开的信用评级的，这给模型在中国的应用带来了很大的落地难度（冯瑾，2007）。

本书准备探索的新的风险建模维度，与上述主要从财务、资产、期权、信用评级迁移等角度建构的模型有一定区别，它能够进一步增加风险控制的维度范围，以提高风险模型的灵敏度。这个思路是指，通过分析企业的微观组织行为，即聚焦于企业内部的"人"的情况，以分析企业重大风险。

就企业的组成要素而言，企业无论规模大小，无论自动化程度高低，归根结底，都需要由具体的人运行。当企业具有重大风险时，能够提前预知的主要有两类人：第一类是企业家。企业家作为企业的所有者，是最掌握企业历史与症结的人，对企业深层与高层的信息具有提前预知的渠道及能力，可以综合企业内外人员极少能掌握到或者意识到的敏感信息，从而对企业的较多重大风险作出提前预判。第二类是企业雇员。企业雇员在企业进行着具体化、细节化甚至关键性的工作，对企业的内在症结和未来走向，从细节角度上有一定的发言权，对企业某些领域的困境甚至比企业家更清楚，所以，他们对企业的一部分重大风险也能够提前预判，会在企业风险爆发前思考和做出自己的离职决策。

如果从大数据的角度分析，第二类人有更高价值。因为第一类的企业家行为是一种个人行为，其个体行为随机性较大，外部的银行金融机构难以随时捕捉企业家的个体行为，用以预警企业风险；第二类人意味着群体行为，存在群体的数据化痕迹，可被收集与分析，所以，外部的银行金融机构能够通过企业雇员的群体行为信息，分析企业内部可能存在的重大风险。

因此，本书致力于研究企业雇员的群体离职现象与企业重大信用风险之间的相关性，以及什么样的群体离职信号能够对企业的重大信用风险做出预警。

（二）研究目的和意义

1. 研究目的

（1）研究企业风险对雇员离职压力的形成和影响。采用 QSIM 定性仿真模型对雇员受到的源于企业的离职压力进行模拟仿真，分析在企业风险不同程度下，雇员离职所受到的压力。

（2）深入分析各类企业重大风险对群体性雇员离职的传导过程和形成机制。以雇员离职理论、组织行为学相关理论及风险管理理论为基础，分析企业重大信用风险如何将压力传导给企业雇员，从而产生什么样的群体性离职。

（3）建立基于雇员离职行为维度的企业重大风险预警指标体系。通过定量模型完成企业重大风险预警，以便通过雇员离职指标预警企业重大信用风险，从而能在企业信贷风险识别、风险预警、风险监测等领域发挥作用。

2. 研究意义

（1）在建立行为学与风险管理关系方面：从微观组织行为学这个新的切入角度分析企业信用风险，打破了微观组织行为与企业信用风险管理之间传统的理论隔阂，初步建立了微观组织行为学领域和企业信用风险管理领域两者的关联关系，这是本书最重要的研究意义。

（2）在雇员离职方面：从雇员离职理论、组织行为学的角度，揭示企业存在的重大信用风险对该企业雇员流入流出的压力和传导机制，从而更好地为人才从企业流入流出建立理论基础和检验，为积极引导我国区域间和企业间的人才流动及人企匹配作出贡献。

（3）在加强信用风险计量模型的有效性和准确性方面：通过在传统的信用风险计量模型中添加人力资源维度，进一步提升了信用风险计量模型的有效性、提高了信用风险计量模型的准确性、拓宽了信用风险计量模型可采用的数据范畴。

二、研究内容和技术路线

(一)研究内容

企业的信用风险,来自企业内外两方面因素。对于内部因素而言,诸如诚信习惯、经营管理、价值观、自身实力、财务工作等领域的问题,由于企业归根结底是由人管理和运营的,因此这些问题会影响企业雇员的组织行为;对于外部因素而言,诸如突发司法风险、政策风险等,会给企业内部造成强大压力,如工资欠发、经费削减、雇员裁减等,这些外部风险压力会体现在企业雇员的组织行为上。当然,组织行为是一个很宽泛的研究领域,而信用风险范围也比较宽泛,所以本书希望聚焦于比较小的研究范围,从而使得研究更为有效和准确,因此,本书把研究的范围进行了聚焦和定位。

(1)从组织行为方面看,本书研究的聚焦范围是雇员的群体性离职行为。原因有两点:一是企业雇员是企业发展的主要力量。企业雇员的群体性离职,在很大程度上反映了企业内部人员在工作中所感受到的得与失。这些是紧紧围绕外人所难以触及的企业内部情况展开的,能够综合反映企业内部诸多方面情况。二是理论假设需要足够数据以开展检验和构建模型。从国内数据环境看,通过招聘网站的数据库能够获取大量雇员离职的脱敏数据,运用历史交叉比对等技术性手段可以将群体性数据调校为较为准确的行为趋势。这种大数据在中国各大招聘网站的长期发展背景下,无论是数据结构还是数据覆盖面,都已经成熟化,为检验理论假设和构建模型提供了其他领域所不具备的大数据资源。所以,本书在组织行为方面的聚焦点是企业雇员的群体性离职行为。

（2）从信用风险方面看，本书研究的主要聚焦范围是重大而不是普通的信用风险。原因是，显而易见可以看到，如果是一笔普通的贷款出现违约风险，例如逾期成为不良贷款，很难在企业雇员离职中反映出它的征兆。因为很少有企业会因为一笔普通的贷款逾期而发生大量人员的离职或入职，从而出现雇员群体大幅异动的信号；但是，企业爆发重大信用风险，则意味着企业内部此前实际上已经隐含了很大的风险，爆发重大危机实际是企业较长时间酝酿风险的结果。因此，在发生重大信用风险之前和之间的时期，雇员的群体离职特征很可能反映出企业内部酝酿重大风险的过程。所以，本书在信用风险这方面的聚焦点是企业的重大信用风险。

（3）从行业定位方面看，本书研究的行业定位是科技型中小企业。科技型中小企业的知识性成分比较高，知识雇员的占比较大，因此能够更具代表性和更典型地反映经典理论推导的结果，适合于本书开展的研究工作。需要指出的是，科技型企业并不一定是企业后缀名均为"科技有限公司"，根据2017年科技部、财政部、国家税务总局印发的《科技型中小企业评价办法》，科技型企业是指依托一定数量的科技人员从事科学技术研究开发活动，取得自主知识产权并将其转化为高新技术产品或服务，从而实现可持续发展的企业。因此，科技型企业的后缀除了"科技有限公司"，还可以是"工程技术有限公司""图像视觉有限公司""针织有限公司""管理顾问有限公司""咨询有限公司"等。

（二）理论推导与建模检验

本书基于风险管理理论、雇员离职理论、组织行为理论、行为经济学理论，对雇员离职入职中反映出的企业的重大信用风险进行了文献研究和理论推导。

本书在理论推导形成的假设的基础上，建立了两个模型：第一个模型是雇员离职压力QSIM定性仿真模型，模拟企业重大风险对雇员产生的离职压力，解决"企业重大风险，是否导致群体离职"的问题；第二个模型是预警评分卡定量模型（Credit Scorecard），用来推导企业雇员群体离职的风险预警特征，以判断企业是否处于重大信用风险之中，研究企业重大信用风险能够从雇员群体离职的哪些特征中提前感知和预警，以及这些离职特征的预警权重大小是多少，该模型解决"如何通过企业的群体性离职特征对企业重大风险进行提前预警"的问题。

本书在建模方法上，主要采用信用评分卡定量模型和QSIM定性仿真模型。信用评分卡定量模型是将模型变量以WOE编码方式离散化后使用Logistic回归模型建模的一种二分类变量的广义线性模型，是金融风险管理领域使用比较成熟的主流模型（李延东和郑小娟，2016）；在模拟企业风险对雇员离职造成的压力方面使用的是QSIM定性仿真模型。

本书在建模结束后，对某科技集团进行分析，用本书所构建的模型和方法进行了检验。用以证明前述模型在实践工作中的适用性。

（三）技术路线

本书拟采取以下技术路线进行研究：

（1）初步查阅相关的文献，并对研究相关的环境和背景进行初步调研，结合笔者以往的学习背景和工作背景，确立本书的研究方向和价值。

（2）开展文献研究，以风险管理理论及雇员离职理论为文献的主要研究范畴，以组织行为学、行为经济学为文献的次要研究范畴，做好已阅读文献的保存、分类以及标记工作。文献研究主要围绕企业重大信用风险与雇员离职之间的关系展开。

（3）围绕研究主题，提出相关问题，即企业各类重大信用风险通过什么机制传导给雇员，并导致雇员群体的离职与入职会出现什么样的趋势特点，从而确立全书的内容框架。

（4）基于文献基础和研究推导对上述问题进行分析。

（5）在以上论述过程中，收集和整理数据，先后建立两个模型，即：模拟离职压力的QSIM定性仿真模型；进行风险预警的信用评分卡定量模型。

（6）进行实际案例分析，即 A 科技集团案例分析。

（7）提出本书的结论与贡献。

三、研究对象与方法

（一）研究对象

1. 关于若干重要概念的定义

（1）相关文献对"重大信用风险"的定义。关于"重大信用风险"和"信用风险"，从字面上可以看出，这是两个同源但程度不同的概念。首先，我们需考察"风险"的定义，"风险"一般被定义为"出现损失的潜在可能"。其次，我们需考察"信用风险"的定义，"信用风险"的定义是比较成熟的。从传统信用风险管理的角度而言，"信用风险"是"信贷资产出现违约的可能"；从现代信用风险管理的角度而言，"信用风险"是"金融机构的资产组合因为其收益未达实际预期目标，而出现损失的可能性"。而"重大信用风险"的定义，从字面理解，是比普通的信用风险更为重大的信用风险。但该解读只是一个字面意义的直观解读，比较模糊。关于什么样的情况才算"重大"，还需进一步从更具有研究价值和实践意义的角度进行定义。

经搜索相关文献，对"重大信用风险"的研究和定义主要来自两方面：一方面是银行券商等金融机构；另一方面是金融监管机关。

文献显示，金融机构对"重大信用风险"的定义，主要是指企业隐含的风险逐渐走向暴露而导致出现严重的一连串债务危机。例如，王桐桐（2017）对钢铁贸易行业的风险企业进行研究时认为，重大信用风险是"企业急剧扩张，粗放经营隐藏的风险在行业下行背景下逐渐暴露并最终引发债务危机"。该研究与本书的研究路径十分类似，是先将重大信用风险按其成因分为若干类别，并在这些风险类别下分别研究各类风险的形成机理，然后提出相应的建议。张小兵（2010）在对重大信用风险事件进行研究时认为，重大信用风险的特点是给银行带来较大程度损失的企业信贷坏账风险，该研究也与本书的研究路径比较接近，即将重大信用风险按其成因分为若干类别，分析这些风险类别的特征及发展趋势，指出其存在的问题，最后提出四道防线的办法进行解决。张小兵的研究接近金融监管机构的视角。

金融监管机构认为"重大信用风险"主要指危及社会和金融市场稳定的信贷风险事件。例如，苏保祥（2016）认为，当金融机构的重点客户发生信贷违约，不仅影响了该金融机构的安全，还有可能危及区域或系统的金融稳定。来自金融监管机构的其他研究者的定义角度也与此接近。

由此可见，银行金融机构对"重大信用风险"的定义主要从企业信贷违约的角度，金融监管机构对"重大信用风险"的定义主要从金融市场稳定与社会稳定的角度。本书研究是从金融机构的角度出发，显然应该选择银行金融机构从企业信贷违约方面进行定义的角度。

（2）本书对"重大信用风险"的综合考量及定义。需要看到的是，对"重大信用风险"的定义还需考虑到中国信贷市场的一个普遍的实践问题。在中国，大量企业在归还贷款时经常采用借新还旧的形式，这几乎成为我国企业信贷行业的惯例。相当数量的企业通过"借新还旧"，不断维持着自己的生产运营，并维系着与金融机构的关系。当企业爆发实质性风险时，往往意味着"借新还旧"的市场潜规则被迫中断，企业不得不与银行金融机构发生资产保全查封或者司法诉讼。所以，中国的企业轻易不会出现金融诉讼，以全力维持表面上的信用度，避免招致各金融机构的多米诺骨牌式诉讼。但企业一旦在短时间内受到多次的金融诉讼，就意味着该企业即使穷尽其力也无法通过哪怕"借新还旧"的方式归还金融机构借款，企业已经无力维持即使表面的可信度，即重大信用风险已经爆发。

因此，本书参考前述的文献研究中银行金融机构的定义，并结合上述中国信贷市场的实践惯例情况，将"重大信用风险"定义为"企业存在重大损失的潜在可能，这种损失将对企业履行到期债务产生严重的负面影响"，并将在一年之内首次出现有两次及以上被起诉拖欠贷款的企业，视为重大信用风险爆发的企业。

需要指出的是，本书研究的是隐含风险的企业，而不是爆发风险后的企业。因为企业爆发风险后再去预警的意义很小，只有在企业隐含风险时，即在企业爆发风险之前进行预警才具有重要意义。同时，众所周知，企业不是贷款逾期后立即被起诉，往往要经过银行贷款逾期、银行催收、银行多次协调、协调始终未果、银行实施资产保全等环节，最后才到起诉环节，经历上述这些环节所需时间大多在半年到一年。

因此我们将企业在一年之内被金融机构两次及以上次数起诉的年份的上一年定为重大信用风险爆发年（以下称观测年），而观测年之前的若干年（一般是 3~5 年）是企业存在隐含风险的时期，是本书致力于分析和预测的企业"隐含风险"的时期。

这种定义和期限的界定，与信用风险领域的"重大"概念高度地贴近，与实践也高度吻合，具有良好的研究意义。后文的信用评分卡建模中的样本数据也是按此标准收集。

2. 本书的研究对象

企业重大信用风险是导致企业产生危机以及企业贷款出现重大违约的最主要原因。而从国内的现实情况看，第一是在财务报表、生产经营等企业自身数据上，造假比较严重，第二是在外部公开数据上，例如企业征信、行业数据等，也存在一定质量问题，因此信用风险计量中客观而可用的企业大数据源实际是较为缺乏的。在这些背景下，本书提出了新的思路，即增添第三方数据来判断企业面临的重大信用风险。本书研究的第三方数据是企业雇员离职行为数据，来自第三方渠道如智联招聘、前程无忧储存的海量人员履历数据。其优势在于：首先，企业不易于在第三方渠道进行主动性编造，规避了第一个问题，即企业主动造假的问题；其次，这些数据是长期在各招聘网站上积累的历史数据，每次篡改都会在服务器留下记录，从而可以通过交叉比对和双向检验来识别这些篡改，所以规避了第二个问题，即外部数据源的质量问题，说明这类数据源具备较好的质量。此外，关于第三方招聘平台上的人员履历的质量与准确性问题，在第五章中有详细解释与阐述。

在上述的研究方向与思路下，引出本书主要的研究问题：

（1）从成因出发，可将企业重大信用风险分为哪些类别？

（2）具有重大信用风险的企业，在风险爆发前，是否会出现雇员群体性离职？

（3）各类别的企业重大信用风险如何在企业雇员中传导压力，从而产生雇员群体离职，即压力传导机制是怎样建立起来的？

（4）可通过雇员群体离职的哪些特征指标识别企业隐含的重大信用风险？这些指标的评分机制与权重是什么？

（二）研究方法

1. 规范分析与实证分析相结合

实证分析是对事实进行客观性的描述，但不做价值判断。规范分析则建立评价标准，并以此衡量经济行为的价值取向。两者在很多范畴特别是经济范畴中需要相辅相成。经济现象本身包含了许多的客观性内容和利弊性内容。在经济现象上，完全采用客观性的实证分析不太容易实现经济效益和社会效益；如果完全采用评价性的规范分析，也缺乏说服力。所以，本书在分析雇员离职与企业重大信用风险的相关性时，采用了两者相结合的方法。

2. 定量分析与定性分析相结合

在经济与管理研究中，一方面，需要有大量的数据作为佐证和建模基础；另一方面，需要采用定性分析，依靠主观经验来预测和推断事物发展的可能结果和方向。因此，本书在分析雇员离职与企业重大信用风险的相关性时，采用了定量分析与定性分析相结合的研究方法。

3. 总体研究与样本研究相结合

总体隶属于整个研究范围内的全部研究个体，而样本是通过一定方法抽取的，能在较大概率上代表总体特征的部分个体。一般不可能对总体进行深入细致的研究，需要对样本进行分析研究，以此判断总体指标。因此，本书在分析雇员离职与企业重大信用风险的相关性时，采用了总体研究与样本研究相结合的研究方法。

四、本章小结

　　本章通过回顾信用风险管理的重要性以及相关理论的发展现状，给出了本研究的背景及其价值意义。首先说明了全书的研究内容主要是聚焦于企业重大信用风险和企业雇员的群体性离职，致力于研究两者的关系以及如何通过群体离职来判断企业隐含的重大信用风险。其次对所涉及的理论、模型以及案例作了简单介绍，描述了本书从理论推导到模型构建再到案例分析与结论的整个技术路线。再次对研究对象——重大信用风险进行了阐释。最后对全书使用的研究方法作了说明，即规范分析与实证分析相结合的方法、定量分析与定性分析相结合的方法、总体研究与样本研究相结合的方法。

第二章
企业信用风险管理与雇员离职的理论综述

一、企业信用风险管理的基本理论

本书的参考文献主要来源于国家图书馆、Google 学术、TUAIDS（清华大学学术信息发现平台）、EI Compendex Web、中国期刊全文数据库、万方数据知识服务平台、Elsevier 全文期刊数据库、EBSCO 数据库等，部分文献是通过上述工具检索到文献的参考文献而进一步查询的结果。随后对大量的检索文献进行筛选、归类和放弃，主要通过阅读关键词、文献摘要、文章目录以及主要结论的方式。最后，对筛选出的精选文献进行深入研究，并对精选文献的相关外围知识点通过 Google 学术等知识工具进行阅读和掌握。

（一）理论研究综述

1. 国外信用风险管理理论的概述

信用风险管理理论经历了从传统理论向现代化理论转型的过程，这两个阶段在理论基础、实施手段研究等方面有着很大的差异。

信用风险管理理论在 20 世纪 90 年代以前的较长时间内处于传统的信用风险管理阶段。这个阶段的信用风险管理理论主要将信用风险定义为借款人出现信用违约的风险，在这个定义的基础上，信用风险管理理论相应呈现静态化管理、定性化管理的特点。专家打分法、Z 模型、逻辑回归法等，都是传统信用风险管理理论的代表工具。这些工具在金融资产处于静态并且其定性因素具有重要意义时，可以发挥一定作用，但当面对价值变化较剧烈的金融资产如证券资产等时在度量能力上会存在较大缺陷。当然，这些是和历史条件存在紧密关联的，在当时的历史条件下，经常剧烈波动的金融资产在金融市场中所占的比例有限。所以，虽然存在马科维茨的资产组合模型和布莱克—斯科尔斯期权定价模型等重要的基础性资产计量模型，但信用风险管理理论的现代化演进条件还不成熟。

随着统计技术在金融领域的发展以及信用衍生品市场的扩大，特别是保险精算理论的系列技术引入到证券市场，使现代化的风险计量模型被大量开发与应用。证券体系由于自身交易上的活跃性、价格上的剧烈波动性、交易结构上的复杂性等特点，其创新性一直强于银行体系，其风险偏好也高于银行体系。证券市场在 20 世纪七八十年代开始较频繁地采用统计技术以及保险技术后，开发出一系列风险度量模型。随后，从 20 世纪 90 年代初开始，以证券市场理论与风险模型为基础及启发，美国的银行信贷市场最早开发了相应的信用风险度量理论与模型，如 J. P. 摩根银行开发的 Credit Metrics 信用风险模型，就是基于该银行在证券市场开发的 Risk Metrics 模型修改完成的。

在统计技术和衍生品技术大量应用在信用风险管理理论中后，信用风险管理理论由传统化阶段进入现代化阶段。信用风险管理的工作目标也从"借款人出现信贷违约的可能"这个传统定义进一步提升成为"金融机构的资产组合因为其收益未达实际预期目标，而出现损失的可能性"的基于盯市（Market-to-Market）的定义。新的目标更适合于多变的风险状态，有能力应对高度复杂化与技术化的现代化金融风险。从 20 世纪 90 年代初开始，在 J. P. 摩根银行开发 Credit Metrics 模型的时期，其他的现代化信用度量技术模型如 KMV 模型也几乎同时在开发。这些模型的构建，在很大程度上解决了传统风控模型的准确率有限、分析滞后、只能有效处理静态风险和线性风险的缺陷，大幅提升了信贷市场/固定收益市场的风控能力，同时进一步推升了衍生品市场的复杂化和扩大化。

2004 年，BIS 下属的巴塞尔银行监管委员会颁布的巴塞尔新资本协议，即《统一资本计量和资本标准的国际协议：修订框架》是现代化的金融风险管理理论与实践的集大成者。它囊括了现代化金融风险管理理论中大部分具有实践价值并顺利通过了巴塞尔委员会 4 次全球定量化测试（QIS）的计量模型。巴塞尔新资本协议的推出，是风险管理也是信用风险管理历史上的里程碑，它宣告了以资本充足率与计量化为主的现代风险管理理论在全球的国际活跃银行甚至中小银行的普遍落地实施成为可能。

2. 国外信用风险计量模型的概述

信用风险理论的主要核心、基石与应用载体是信用风险计量模型。信用风险计量模型一般以相应的信用风险理论为基础理论框架，输入企业相关的信息，输出代表企业的风险程度的数值，这个输出的数值通常是 AAAA、BB、CCC 等级别，也可以分数形式出现。不同的信用风险理论产生了不同的信用风险计量模型。

由此可以看到，信用风险计量模型是信用风险管理理论的重要组成部分，代表信用风险管理理论的应用成果与应用水平。现将主要的信用风险计量模型按时间顺序进行综合分析。

（1）专家打分法。专家打分法在信用风险模型中，是基于定性方式的风险度量方法。该方法需要事先确定若干打分项，并设定每个打分项的权重，然后组织若干经验丰富的行业专家，对各个打分项给出分数，把分数加权后，就是最终的信用风险分数。根据打分项设计上的不同，这种方法可以分成 5C 打分法、5P 打分法等。这种风险度量模型的优点是简单、快速，与实际经验贴合得比较紧密。但它存在的缺陷和短板也比较明显：一是这是静态的滞后的分析方法；二是专家的经验往往具有局限性，专家难以对经验之外的所有情况都做出权威性和准确性的判断，而且不容易找到合适和对口的专家；三是打分项与权重的准确性难以得到科学性的验证。

（2）Z模型。财务专家 Edward Altman 在 20 世纪 60 年代创建了 Z 模型。该评分模型基于财务指标而建立，分为上市公司、非上市公司、非制造业三组模型。该模型共设有 5 个财务指标，每个财务指标占有一定权重，合计分数为 Z 评分。当 Z 评分低于"违约分数线"时，属于"违约风险群体"；当 Z 评分高于"非违约分数线"时，属于"非违约群体"；当 Z 评分在两者之间时，属于暂不能确定违约风险的中间群体。

Z 模型介于专家打分法和信用评分卡模型，其比专家打分法客观，定量化程度大，但比信用评分卡模型简单。Edward Altman 在后期进一步改造和优化了 Z 模型，发展为二代 Z 模型。二代 Z 模型将财务判断因子从 5 个扩展到 7 个，并优化了模型中的统计技术，从而提升了模型的精准度。

Z 模型适用的主要领域为风控政策制定、信用审批、商业资产的分层/证券化等。同时，Z 模型存在若干缺陷，主要是用线性方法解析非线性的信贷分布，片面依赖财务指标，忽视了非财务指标的重要性，在行业普适性上也存在局限。

（3）信用评分卡模型（Credit Scorecard Model）。信用评分卡模型是重要的风险管理模型，时至今日，仍作为主流模型在金融领域广泛应用。该模型是将变量以 WOE 编码方式离散化后，采用 Logistic 回归模型进行拟合的一种二分类变量的广义线性模型。

信用评分卡模型最先在个人信贷业务的风控中应用。20 世纪八九十年代，随着行为金融学派在个人金融理论与证券投资理论中逐渐占据重要地位，信用评分卡模型由于能通过个人的各种行为指标计算个人的风险得分而受到格外重视，从而在个人金融领域逐渐占据重要位置，此后该模型在公司金融领域中开始大量运用。

（4）Credit Metrics 模型。20 世纪 80 年代末，统计技术在保险行业得到大量的深入应用，而证券资本市场一直是活跃而富有创新性的金融市场，它一方面使用保险行业的分析技术与工具，另一方面广泛应用统计技术。在这种背景下，美国 J. P. 摩根银行开发了用于证券资本市场的知名模型 Risk Metrics。1993 年，J. P. 摩根银行将该证券市场模型 Risk Metrics 的技术应用于信贷市场，开发了 Credit Metrics 模型。该模型将债券信用级别的迁移巧妙地和债务人的资产价值相关联，而资产价值又和公司的股票价格紧密关联，通过观察股票的价格，来判断债务人信用等级迁移概率的大小。

Credit Metrics 在我国的适用存在较大局限性，主要原因是我国绝大多数企业没有公开市场的外部信用评级，因此很难观测到企业的历史信用等级迁移情况。同时，我国企业的资产价值存在较大的不透明性，Credit Metrics 在数据获取方面存在较大难度。

（5）Credit Risk+ 模型。Credit Risk+ 模型是 Credit Suisse 集团将保险精算技术应用于信贷市场而建立的信用风险度量模型。该模型和其他现代化的信用风险模型最大的不同点在于，其他现代化的信用风险模型均属于盯市（Market-to-Market）模型，该模型属于采用历史成本法（DM）的传统模型。该模型仅需少量的数据资料，即可构建损失分布，对于信用数据体系不健全的中国市场，该模型的可用性较大。

（6）KMV 模型。Moody's KMV 公司基于默顿模型在信贷市场构建了 KMV 模型。该模型依据借款企业的股价来度量其违约相关性，其核心是预测借款企业的预期违约率（Expected Default Frequency，EDF）。KMV 模型先通过借款企业的股价与负债的价值计算得到借款企业的资产收益率，然后通过宏观经济、行业指数、区域发展指数等影响因子对收益率进行回归，从而生成关于债务人资产价值的联合分布。

KMV 模型的计算高度依赖于股票价格，所以它主要针对上市公司。另外，它有一个分支应用模型可针对合伙人企业进行预测。同时，由于该模型高度依赖于大量数据源，因此需要大量的数据集中处理技术。综上可知，该模型在中国的适用范围较小。

（7）Credit Portfolio View 模型。是麦肯锡公司开发的模型。该模型是一个"从上至下"的模型，重点将宏观经济因素、宏观政策作为行业与公司变动的主因。它将资产组合中的损失分布均模型化，将每个借款企业划分到相应的国家、行业、信用等级中，从而通过模拟仿真方式建立信用组合的违约（PD）分布。

由于开发者是非金融企业，因而该风控模型无论是从开发方法还是适用场景上，都较其他风控模型显得特别，同时，因为该风控模型是"从上至下"的模型，所以该模型无法提供基于"公司"这种颗粒细度的风险细节，因此在公司信贷风险上的可应用性比较有限。

（二）国内理论研究综述

1. 我国信贷风险的现状

根据中国人民银行统计数据，截至 2018 年 12 月非金融企业及机关团体的信贷余额为 89 万亿元，2018 年非金融企业及机关团体的全年新增信贷金额约为 6 万亿元[①]。中国拥有十分庞大的对公信贷总量，为国民经济的发展注入了强大的动力。

但是，中国金融机构的企业信贷体系在发展过程中已不断积聚风险。田姜玉和陈小红（2009）通过深入研究，指出我国商业银行在信贷风险中存在大量问题，并且这些风险随着银行业的发展，正在变得更加明显和严重。吴冲和吕静杰（2004）对我国的金融高信用风险进行研究后指出，信用风险已经对我国的金融业发展产生了严重威胁，它的产生有许多深层次的原因并阐释了产生信用风险的内因与外因。

我国所积累的企业信贷风险尤其集中于以下方面：

（1）经济周期转变的风险。从宏微观的视角，银行的信用风险与宏观环境的相关性较高，经济情况越好，信用风险越低，并且，信用风险与银行自身的经营效率有关，规模较大的银行信用风险管理水平较高。在过去较长的时间内，随着土地、劳动力等不断释放红利，我国经济一直处于上升周期，经济金融杠杆水平不断提高。不少企业过高估计了未来预期，通

---

① 中国人民银行 . 2018 年金融机构本外币信贷收支表［R］. 2019.

过新项目、互保、抵押等多种方式，增加了信贷额度。但随着国内外政治经济等宏观形势的变化，近年经济开始下行。同时，随着我国土地、劳动力价格持续上涨，难以再形成生产力红利。在这些因素的影响下，企业的收入和利润往往难以达到预期，难以归还贷款，不得不"拆东墙补西墙"，导致企业生产经营出现越来越大的困难。

（2）社会信用体系不发达的风险。我国社会信用体系十分庞大，涵盖社会生活的较多方面，但效率化和真实性却并不理想，信息透明度和真实度偏低，由此导致社会信用体系不发达，在金融领域造成的最大问题则是相互信任度偏低，银行缺乏切实有效的公众化信息渠道去判断企业特别是中小微企业的经营状况和信用程度，也就是金融机构普遍惜贷。而对于企业来说，短期内往往会依靠社会信用体系不发达的特点，做假账、制造假项目、设立隐形公司体系、开展隐性担保、接受不上征信系统的民间借贷，以便在短期内取得信贷资金。但在长期内导致的问题是金融机构出现坏账后将更趋于惜贷，市场的信贷利率也因为坏账风险与信息失真风险而更为高企。

（3）欺诈行为的风险。我国信贷市场存在较大的欺诈行为，企业通过欺诈取得更多的贷款。欺诈行为的发达，在市场上催生出成熟的黑色产业链条。比如市场上有公司专门按贷款要求制作企业的银行流水，出售给正在申请贷款的企业；市场上有专门代为申请银行贷款的具有资质的"通道"公司；有的银行对资质不够的企业按其愿承接的银行历史不良资产计发新增贷款。这些不正常的行为扰乱了市场，但根源还在于上文所指的社会信用体系问题，由于缺乏有效的社会信用体系，导致欺诈行为层出不穷，使得信用风险居高不下。

2. 关于国内信用风险管理理论的分析

我国的风险管理和信用风险管理起步较晚，20世纪90年代停留在以定性化分析为主的阶段，同时，从理论研究到高校教材课程基本上偏重于宏观，较少涉及微观与实际操作，使得相关理论研究在实际工作中的可应用性比较小。从21世纪初开始，微观分析和定量化的理论研究开始增多,但中国银行金融业的从业人员大部分缺乏相关的微观金融、定量化的知识与经验。受此限制,这种理论研究的扩展范围和应用范围始终进展缓慢。

2007年,中国银监会决定引入和实施巴塞尔银行监管委员会颁布的巴塞尔新资本协议,发布了《中国银行业实施新资本协议指导意见》。巴塞尔新资本协议实质上是一个成熟的金融风险管理体系,该协议的引入,极大地加速了我国银行金融业的发展,也促使我国信用风险管理理论从传统化向现代化转变,从定性化风控朝着定量化风控转变。从2007年开始,定量化方面的现代化信用风险研究与应用迅速增加。本书通过中国知网搜索,在信用风险管理的理论研究领域,20世纪80年代极少有定量化的研究论文,20世纪90年代稍有出现,21世纪初断续出现相关研究,而2007年后论文数量迅速增加。

我国的金融风险管理理论在创新方面较为缺乏,尤其是在大量金融细分领域缺乏成熟和对口的理论。国内研究人员与学者在信用风险管理领域所做的研究,大多使用的是国外的基础理论及理论框架,并根据中国实际情况做一定修改。这带来了一个突出问题,由于中国的金融行业不完全等同于国外金融业,有着许多的差异点,因此,在中国金融业的自身特色领域,譬如有中国特点的一些新金融领域往往没有国外成熟的经验与理论,或者国外的理论及参数并不适用于中国的实际情况,因此只能采用中国自身的理论研究作为金融监管与实务风控的理论基础。但是,由于中国自身的金融风险管理理论研究较为薄弱,甚至有的领域几乎没有风控方面的基础理论研究,从而导致这些领域难以实施有效监管,最终引爆金融风险甚至社会的动荡,产生如国内网贷行业的集资问题、理财行业的非法吸储问题、艺术品金融交易所的欺诈问题等大规模金融事件。

风险管理是金融的首要核心,而信用风险管理在某种程度上可认为是风险管理的核心,即"核心中的核心"。我国在理论研究上长期存在着上述理论创新不足和理论建设不足的问题,已经较大影响中国金融行业的发展,甚至社会与经济的稳定。长期以来,因为缺乏理论研究的有效支撑,我国的金融监管、金融市场与金融交易方面所实施的政策与实务在某种程度上呈现短期行为,从而引发行业动荡。这也是前述的网贷行业终结、民营担保行业消亡、艺术品金融交易所关闭潮等我国诸多金融事件所包含的源头机理。

本书认为国内的金融信用风险管理理论研究工作应注重三个方面:

(1)理论研究需要和一线的实务紧密结合。从监管者的角度看,金融监管与金融市场一般会存在常态性距离,金融监管落后于金融市场是反映两个体系自身特性的正常现象。一般而言,金融监管应不断主动缩短这种距离甚至有时能够拉平距离。缩短这种距离的重要环节是监管创新,而监管创新无疑需要基于理解业内实践。长期以来,从许多理论与政策出台后在实践中的反应看,实际效果往往和设想效果存在较大差距。所以,理论研究与监管政策制定需要紧密结合一线的实务与经验,而不是远离业内金融实践或者实施基于低效监管政策上的粗放式"强监管",本书认为这是做好信用风险管理领域的理论与政策工作的首要前提。

(2)需要有平等的、适于创新的理论与政策的研究机制及形成机制,这也是做好工作的关键条件。

(3)建立社会信用体系,这是一条长期而根本的道路。何超颖(2015)通过计量方法对信用风险进行研究,在研究中主要借鉴国外的优秀度量成果,在适合国内国情的基础上进行改进,明确提出了建立信用数据库对我国的必要性和重要意义。欧美国家开展信用风险管理的研究与实务工作实际上没有中国这样复杂与困难,原因是欧美国家具备透明和良好运行的信用数据库及社会信用体系,实施信用风险管理简单且成本低。但中国的社会信用体系的建设时间漫长而成效始终不佳,导致中国的信用风险管理工作反而复杂烦琐而且成本高,长年缓慢循环爬升,付出了极高的社会成本。

二、雇员离职的基本理论

（一）雇员离职的理论基础：震撼模型、映像理论与嵌入理论

本书在研究雇员离职方面主要采用的是震撼模型、映像理论、嵌入理论，以下将对这几种基本理论进行概述。

1. 映像理论

震撼理论的理论基础是 Beach（1998）的个体决策模型，即映像理论。映像理论在震撼理论中主要是用于理解雇员做出离职决策的过程。映像理论中关于决策产生与实施的假定，和许多占主导地位的决策理论是相反的。比如，美国著名心理学家和行为科学家 Victor H. Vroom（1964）年在《工作与激励》中提出，在决策理论中占主流地位的期望理论，认为：人们的工作积极性，和完成该工作对于满足个人需要以及自身预计完成该项任务的可能性两个因素完全相关。也就是说，人们的行为选择是追求效用最大化的。但是，Beach 在映像理论中提出，人们并不是以追求效用最大化来产生最终决策的，而是依赖于"电影剧本"式的思维决策场景，通过门槛、偏好和筛选几种思维方式进行决策并产生结果，最终的结果并不一定就是效用最大化的结果，即映像理论所认为的个人决策机制和期望理论在方向上完全不一样。

映像理论主要由两组概念构成：一是映像体系，由价值映像、轨道映像和策略映像构成；二是二次检验法，由相容性检验和利益性检验构成。本书分别进行阐述和分析。

（1）映像体系。Beach 认为，人在决策过程中依赖于称为"映像"（Image）的信息集合体。人的映像体系由三种映像构成，即价值映像、轨

道映像、策略映像。

价值映像是决策者的个人价值、个人道德、个人世界观、信仰、伦理等基础信念的集合；轨道映像是决策者的长短期目标，大多为需要反复实现的目标，例如"健康""职位晋升"等，所以 Beach 将其形象地命名为"轨道"（Trajetory）；策略映像是决策者为了在价值映像的框架中实现轨道映像所采取的一系列对策、措施、办法等。三种映像具体描述如下：

1）价值映像。价值映像是反映决策者的决策基调，是个人价值、个人道德、个人世界观、信仰、伦理等基础信念的信息集合。它定义了一个人的基本行为标准和价值观念，起着类似于框架和门槛的作用。不符合价值映像的方向和事物，通常来说，基本上一开始便被决策者拒绝了，进入不了之后的筛选比较程序。

2）轨道映像。轨道映像是给个体行为指导方向的目标，包括长期目标和短期目标。个体的行为过程，就是不断向这些目标前进的过程。轨道映像中的目标，有能够一次性实现的目标，比如某人想晋升到技术开发中心负责人，也有需要反复实现的目标，比如健康。后者这种反复实现的目标，在轨道映像中为大多数。

3）策略映像。策略映像是个人为了实现轨道映像而采取的一系列措施、手段、办法等。个体通过策略映像争取实现目标。策略映像也会包括目标，但均为中继目标，通过实现这些中继目标，向轨道映像的大目标冲击。

（2）二次检验法。映像理论认为，人们的个人决策活动过程是"筛查"而不是"选择"。这个原则被 Beach 视为理解决策活动过程的最重要法则。"筛查"虽粗糙但能非常快速地以价值映像、轨道映像、策略映像来评判面前的待筛查信息。这种方法比对每一件事项都进行"选择"要快得多。

映像理论认为，作为个人决策的主要活动形式的"筛查"是两阶段决策模式，即相容性检验和利益性检验。相容性检验起着类似准入门槛的作用，利益性检验则对准入后的方案进行判断，通过对比选择最终方案。

所谓相容性检验，是指决策者将方案与目标（如价值映像或者轨道映像）进行比较，如果该方案不符合轨道映像，决策者会对差距进行评估，如果差距高于决策者的心理阈值，决策者将否决该方案；如果差距符合目标，或者虽然不能达到但差距不高于决策者的心理阈值，该方案通常就通过了相容性检验。

相容性检验具有不可补偿性，也就是说，方案的优势不能补偿方案的劣势。

当该方案通过了决策者的相容性检验这个关口，第二步就是进行利益性检验。

所谓利益性检验，是指对通过了相容性检验后的方案进行利益最大化评估。这种利益最大化评估类似于评分卡。即对所有通过相容性检验的方案，根据几项或者更多的评价指标进行打分，每个指标有不同的权重。最后将总分最高的方案作为利益最大化的方案，通常成为最终胜出的方案。

利益性检验和相容性检验的区别是，利益性检验是有"可偿性"的，这是指方案的优势可以抵补方案的劣势。在利益性检验中，最后胜出的是综合评分最高的方案。

Mitchell 等（2001）指出，不同的个人决策事项所依赖的相容性检验和利益性检验的比重并不完全均等。在雇员离职决策中，实行相容性检验的比重较大。

从映像理论对个人决策过程的解释看，这个二阶段决策过程的解释效力很广。比如，可以解释为什么现代社会有大量能导致个体发生改变的信息，但大多数时间中，个体状态还是维持不变；又如，个体的生活行为方式一如既往，个体间的关系始终不变，这是因为建议改变的大多数社会信息都被"筛查"机制拒绝了，很少真正进入到利益检验的环节中被实际对比和思考。

（3）其他。映像理论对于映像和"筛查"决策机制还提出了如下观点：

1）人们在不同的生活领域有几套不同的映像。主要的映像是工作、家庭、朋友、娱乐、伦理/精神等。

2）映像不是非常明确的事物。它有可能很清晰，也可能很模糊；有可能容易实现，也可能不容易实现。

3）映像不是一成不变的。随着个人的经验和认识的改变，他/她有可能会改变自己的映像。其至，虽然个体在"筛查"中绝大多数会拒绝不相符的信息，但少数情况下也有可能在"筛查"中改变映像。

映像理论认为，当外部信息量过大过频繁时，人们会趋向于较弱地坚持映像，而不是强烈地坚持映像。当外来待筛查的信息比较模糊或者个体自身的映像比较模糊时，筛查过程会延长，个体不得不耗损更多的精力在决策上。

2. 嵌入理论

Mitchell 等（2001）提出工作嵌入的理论。工作嵌入指个体与组织及周边环境（即社区）的结合紧密程度，这种结合包含了工作、信息、交互、物理位置等许多方面（杨春江和马钦海，2010）。

工作嵌入代表个体对组织内外的联结度大小，当个体离开组织时，往往意味着将承受失去这种联结所带来的损失和成本。而个体不得不对这种损失和成本进行考虑及权衡，从而构成了个体离开组织的反向维系作用力。

Mitchell 等把嵌入划分为两个维度进行分析：一是关系维度，由联系、匹配、牺牲三个要素组成；二是空间维度，由组织、社区两个要素组成。

（1）嵌入理论中的关系维度。

1）联系。个体在组织内工作时，与组织内外通过工作协作、业余交往、信息传递等活动形成各种关系，这种关系对个体停留在组织内具有一定的约束力，称为"联系"。这些联系对个体的正常工作和生活的开展往往起着比较重要的作用。当中断这些联系时，很可能对个体的正常工作和生活产生影响，这对于个体来说，是需要考虑的一个问题。

但一般来说,这种联系受到在组织已工作的时间长短影响。如果工作时间较长,一方面,个体和组织内外的联系更广、更深,这种联系要中断,其成本很高;另一方面,个体和物理环境,比如当地社区、当地交通的联系也很紧密,譬如,很可能个体已经在组织所在的社区定居了。我国国有企事业单位,以前一般是终身工作制,一个人在国有企事业单位就职,很可能要干一辈子,住在单位分配的房子中,使用单位的通勤大巴和俱乐部、社团、食堂餐卡等,若离开单位,意味着不仅要中断组织的人事联系,还有可能将中断与组织的物理环境的联系。但是,对于在组织中工作时间不长的个体来说,例如在我国大城市,各类民营企业中的个体,其联系往往只意味着和组织的联系,和物理环境的联系往往很薄弱甚至可以忽略不计,所以这些组织中的流动率远远高于国有企事业单位。

2)匹配。个体和组织之间存在相互的适应度。这包括两者价值观的适应情况、两者职业技能的适应情况、两者对于未来预期的适应情况等。当个体觉得适应度比较高时,个体会在精神层面有较好的状态,当个体觉得适应度比较低时,个体会在精神层面有欠佳的状态,表现为精神紧张、压力大、对前景抱有忧虑等。一般而言,要让组织调整去适应特定的个体,可能性极小,只有个体主动调整以适应组织。如果调整后确定能适应组织,个体的精神层面会逐渐转好,如果调整后仍然不能适应组织,个体将仍然延续精神层面的欠佳状态。这就是 Mitchell 等提出的"匹配"的概念。

3)牺牲。牺牲是雇员离职而中断组织联结所承受的损失。当雇员和组织内外形成联结后,雇员放弃工作,很可能将中断大多数这种联结,这对雇员自身来说会形成损失。例如,一个汽车制造厂的设计工程师离职,将中断他和技术部门的日常沟通和联系,停止与技术及生产一线同事的交流沟通,不能再使用厂区软硬件设计资源,无法获得最新的汽车行业技术信息与资料,中断职称申报的进程,其获得的声誉/人脉地位将迅速大幅降低,从而不得不在新企业重新进行声誉/人脉地位建设。另外,他可能还会不得不腾退出集体宿舍,不能去单位食堂以职工餐卡就餐,无法再参加厂区工会组织的他很感兴趣的篮球比赛和象棋比赛，等等，这些都意味着雇员的损失代价。

（2）嵌入理论中的空间维度。雇员在工作中的联结关系主要发生在两个空间范围内，一是组织，二是社区。前者指雇员就职的单位，后者指与就职相关的物理空间和地理环境，比如单位的集体宿舍、工厂生活区等。

根据嵌入理论的观点，个体和组织产生的关系往往要远密切于个体在非工作区域产生的关系，如个体和社区的关系、个体和周边交通的关系等。从对嵌入理论三个关系要素的分析中可以看到，个体和组织产生的关系一般会强于个体和社区产生的关系。

3. 震撼模型

（1）震撼模型的概述与特点。在雇员离职的研究领域，回顾相关研究理论可以看到，研究者以推式和拉式的研究观点为主。"推式"观点指由于雇员与工作相关的心理、态度、感情而导致雇员决定离职，这主要来自心理研究型学者的看法；"拉式"观点指由于市场的机会（主要是指新的职场机会）而导致雇员决定离开现有职位，这主要来自市场派学者的看法。

在历史上，期望理论在个体决策领域中一直占有重要地位，同时，它也是大多数传统的雇员离职理论的基础。Vroom 的期望理论认为人们的工作积极性，等于完成该工作对于满足个人需要的大小和自身预计完成该项任务的可能性大小，是两者之间的乘积。即：

$$M = \sum V \times E$$

式中，M 表示激发力量，是指人们的积极性，完成一项工作的激励性；V 表示效价，即完成一项工作对于满足个人需要的大小；E 是期望值，是人们自身预计完成该项任务的可能性大小。

虽然以期望理论为基础的雇员离职理论一直是雇员离职研究的主流，其直观的解释性也比较能令人接受，但是这类理论在实证检验中的准确率一直比较低。

Lee 和 Mitchell（1991）在雇员离职这个研究领域中创新性地提出了

Unfolding Model 模型，直译为"展开模型"，比较贴切一些的译法是"震撼模型"或"震撼理论"。主要指雇员的离职很多是在自己受到一次事件"震撼"之后，触发自身思考，从而产生离职决定。两位学者在 1994 年丰富完善了该理论。

震撼理论和前述的"推式"或者"拉式"的雇员离职理论有很大不同，其间最大的不同是具有完全不同的理论基础。震撼模型的理论基础是映像理论，而绝大多数雇员离职模型的理论基础是期望理论。震撼模型没有单纯地从心理或者市场职业机会的角度探讨雇员离职的原因，而是从人自身复杂决策的产生和落地的过程去探讨雇员离职，也就是说，震撼理论是对人的决策过程的一种模拟。

震撼理论是一个新型的研究视角，它以行为理论的新成果"映像理论"作为基础理论，突破了以传统行为理论——"期望理论"为基础的雇员离职研究的限制。同时，该理论也借鉴和融合了"推""拉"理论，在震撼理论提出的四种离职路径中，几乎每种路径都包括了作为心理原因的"推式"观点和作为市场原因的"拉式"观点。所以，震撼理论是部分地吸取了主流研究观点，并采用了一个不同于二分类的因变量（离职/留下）以及新的基础和框架的复杂决策理论。

本书采用震撼理论作为雇员离职的基础理论模型，是因为震撼理论具有很高的实证准确率，这种经过验证的理论，有助于实现信用风险管理的审慎要求。统计资料表明，震撼理论是迄今为止在该领域所有同类理论中实证准确率最高的。在以往的实证研究中，震撼理论准确率达到惊人的 90%以上。在 1999 年进行的实证研究中，仅有 7.4%的个案没有被震撼理论验证（张勉和李树苗，2002）。

（2）震撼模型的核心观点。Lee 和 Mitchell 研究认为，雇员离职是因为一个事件对其产生"震撼"，从而导致他产生思考、决策和离职行动。"震撼"并不一定是指大的情绪震动，而是指从事件中受到启发，产生联想和思考。也就是说，Lee 和 Mitchell 并不认为雇员离职主要是因为新工作机会或者满意度不佳，而有可能甚至是一种电影剧本唤醒式的场景演绎。

基于上述思路，Lee 和 Mitchell 把雇员离职过程分为以下四种场景路径：

1) 路径1。路径1是有震撼事件发生、出现雇员曾经历的历史电影剧本唤醒式离职路径。路径1的过程分为两步：第一步，一个具体的事件被雇员看到、听到、接触到或者意识到，使得该雇员对这次事件以及该事件的周边衍生事物产生联想。这种事件对于他人来说，可能是值得注意的事，但更可能是他人易于忽略的小事件，而该雇员的反应会是，依赖他/她的个人经验，对该事件产生不同的理解和判断。第二步，该雇员在记忆中进行一遍快速搜寻，对于先前的类似事例、后果、以往事件的周边环境等进行回忆。如果以往的离职事件和这次非常近似，该雇员很可能就会形成离职的决策。在这个路径中，离职的决策制定是相当自动化并且场景化驱动的，既不涉及映像理论、工作的不满意，也不涉及新的工作机会。

这个离职路径和其他离职模型确实有很大区别。根据 Lee 和 Mitchell 的研究，可以看到，路径1的存在，已经为大量案例所证明。该路径的主要特点是，离职的程序是现成的，在这个路径过程中，会伴随少量的思考或者犹豫，比如对可寻找到新工作机会的思考等，但尽管有少量的思考，大多数雇员还是会选择该路径离开公司。

同时需要看到一种特殊但庞大的领域，即次级劳动力群体。次级劳动力群体主要指临时职工、兼职职工、短期项目型雇员等。对于这些次级劳动力来说，取得一定的收入是其离职的主要的震撼事件。例如，一名需要旅游的兼职机械设计师，在赚到自己足够旅游的钱后会考虑离职。这种往往不需要思考、分析，也是一种高度自动化的决策，属于路径1的离职情形。

2) 路径2。路径2是有震撼、有映像筛查、无前期类似剧本的离职路径，可称为"推式"离职路径，即心理映像从内在推动。

路径2的过程分为两步：第一步，类似于路径1，雇员注意到或感觉到一个相对他而言的震撼事件；第二步，这次震撼事件没有以往的相似的离职场景，雇员会进行映像的筛查，即将当前的工作情况与工作预期和价值映像、轨道映像、策略映像进行比较检验。如果通过检验，雇员还会留在单位；如果未通过检验，雇员选择离职。不过，在很少数情况下，雇员也可能选择继续留在单位，但这时往往会调整原有的映像。在整个路径 2 中，雇员没有寻找新的工作机会。

一般来说，对于震撼事件而言，无论是积极的事件，还是中立的事件，或消极的事件，都有可能构成震撼事件。同时，在路径 2 中，因为路径 2 形成了一个离职事件，离职之后，雇员后期一般会对该次离职进行回想和评估。如果感觉到这是一次好的决策，这次离职事件会构成一个离职的"电影剧本"，成为未来新的路径 1，即无心理映像比较也无新工作机会下的"电影剧本式"的自动化离职路径。

在路径 2 中，有一种情况是，雇员原本没有具备价值映像、轨道映像、策略映像。在一次震撼事件产生后，雇员会通过思索，建立起相应的价值映像、轨道映像、策略映像，从而将震撼事件产生的对自己工作的评估，通过映像进行筛查，若未通过筛查，就会离职。

关于路径 2，有一个典型且大家都耳熟能详的例子，也反映了上述路径 2 的决策过程，即作家鲁迅退学。鲁迅在日本留学期间，在位于日本东北地区仙台市的仙台医专就读医学专业。一次，在学校里看电影（实际为投影幻灯片），出现了日俄战争期间发生在中国东北地区的片段，日军斩首一名罪名为"俄国谍报人员"的中国人，旁边有大批身强力壮的中国人围观，但这些中国人看着同胞被斩首却麻木不仁，有的甚至面带笑容，觉得有趣。这件事情可能被其他观众完全忽略掉了，但却使鲁迅产生思考，成为鲁迅本人的"震撼"事件。

鲁迅从这个事件出发，对自己当下从事的学习工作和自己的心理映像进行了检验，觉得当前的学医从医，不能和自己的价值映像、轨道映像、策略映像相匹配——"只能改变人的肉体，不能改变人的思想和灵魂"。最后，鲁迅在没有任何其他新的学习/工作机会的情况下，离开了仙台医专，转去了日本东京，寻找更能对应自己心理映像的机会，从此走上了文学的道路。这就是震撼模型中路径 2 的离职决策。

3）路径 3。路径 3 是有震撼、有寻找工作机会、无历史电影剧本的离职路径，可以称为"拉式"离职路径，即新工作从外部拉动雇员离职。路径 3 比路径 1、路径 2 复杂很多，但它是四条离职路径中最典型的。它发生的步骤是：第一步，震撼事件产生了，雇员受这个震撼事件的启发，将目前工作情况和自己的映像进行匹配，发现不兼容，于是便搜索新的工作机会；第二步，雇员搜索到新的工作机会，对这个工作机会进行映像的筛查，通过"相容性检验"后，再和现有的工作机会进行"利益性检验"，也就是利益最大化检验；第三步，如果工作机会通过了相容性检验和利益最大化检验，雇员将选择离职。

4）路径 4。路径 4 是没有震撼也没有"电影剧本自动唤醒式"，而进行离职的路径。Lee 和 Mitchell 认为，在没有震撼的情况下，也可能产生离职。原因是，雇员一般会定期或不定期地将自己的工作情况对应自己的价值映像、轨道映像、策略映像而进行检验，如果通过检验，则不会产生离职想法，如果未通过检验，就会根据 Mobley 中介联系模型做出是否离职的决策。

所谓 Mobley 中介联系模型，是 Mobley（1977）基于心理学理论而构建的检验工作满意度是否导致雇员最终自愿离职的模型。这个模型研究给出的过程为：评估现状、不满意现状、估计搜索新工作的成本和可能性大小、产生搜索意愿、搜索新工作、对比工作机会、决定离职、实施离职。此后，Mobley 在这个过程中又加入了组织、环境等变量因子，优化后的模型认为，主要有四种因素会对雇员的离职决策过程产生影响，即工作满意度、组织内其他工作的期望效用、组织外其他工作的期望效用以及非工作价值和角色需要。

Lee 和 Mitchell 认为，在震撼未通过自身映像检验的情况下，雇员会以 Mobley 中介联系模型的方式，产生搜索意愿，搜索新工作，之后做出离职决定。

路径 4 和传统的离职理论有一定相似性。大多数传统的离职理论主要是以"工作不满意"为雇员引发寻找新工作机会和实施离职的诱因，而路径4则认为，会定期或不定期评估自己的工作情况，如果和映像不相容，且这种不相容已经超过了一定的阈值，就会实施上述离职理论中的办法，即搜索新工作机会。但是，根据Lee和Mitchell的路径4，如果这种不相容远超过阈值，那么，雇员很可能直接离职，而不用搜寻新的工作机会。这一点在很大程度上解决了传统离职理论无法解释的现象，即在实例中，不少雇员会直接离职，而不考虑有无新的工作机会。

4. 对雇员离职的理论基础的回顾

对震撼理论作一个回顾，可以看到，震撼理论最大的贡献在于突破了传统离职理论以工作满意度和外部工作新机会为主要离职原因的思路。它结合了行为理论当时的研究成果，以雇员所遇到的"震撼"事件作为雇员的离职出发点，几乎完全改变了传统分析框架。到目前为止，震撼理论是解释力和印证力最高的离职理论。

此外，震撼理论也存在一些不足之处，影响了其在实践中的应用。一是震撼理论没有描述震撼事件的实例和类型，这对后续研究者在判断震撼事件上存在困难。二是震撼理论中的主观态度变量，只有"工作满意度"一个因子，但实际上，根据该研究领域大多数研究者的共识，离职过程中的主观态度变量不止这一个因子，所以，震撼理论还需要把离职理论中更多的主观态度变量因子融入进来，才能更准确地诠释离职现象。

（二）其他关于雇员离职的主要相关理论综述

1. 雇员离职相关学说

美国著名的心理学家Lewin（1936）提出著名的场论，认为个人绩效在很大程度上受到个人情况（包括个人能力与个人条件）和环境这两个因素的影响，即：

$$B = f(p, e)$$

式中，B代表个人绩效，p代表个人能力和个人条件，e代表环境。Lewin认为，这构成了一种类似场的关系。当个人处于不利环境时，譬如领导作风专断、企业内派系斗争严重、人际关系不佳等，很难实现良好的个人绩效，这种情况下，个人要么改变环境，要么离开这个环境，一般来说，个人很难改变环境，因此产生了雇员离职的行为，即个人离开这个环境去其他企业。

Maslow（1943）在《人类激励理论》中提出需求理论，即马斯洛需求理论，他把人的需求分为生理需求、安全需求、归属和爱的需求、尊重需求、自我实现需求。前三种属于低层次需求，通过外部条件即可大致得到满足，后两种是高层次需求，是来自内心的需求。同一时期，一个人可能会同时有几种需求，但只有一种需求是起决定性作用的。当雇员的某一种需求得不到满足时，就会发生流动，去寻求能够满足的需求层次。

Alderfer（1969）在 Maslow 的需求理论基础上提出 ERG 需求理论，他将马斯洛五需求归纳为生存、相互关系、成长发展三个需求层次，并且认为人在同一时间可能有不止一种需求在起作用。

赫茨伯格（2009）提出了著名的双因素理论。他对底特律区域的样本企业雇员进行了较长时间的精心设计的调查与研究。通过这些研究，赫茨伯格提出，影响人们工作动机的主要因素可分为两类：一类是保健因素，指不直接和工作业绩相关的因素，譬如工作场所条件、企业知名度、管理制度、福利政策、人际关系等；另一类是激励因素，指直接和工作绩效及工作成果相关的因素，比如工作满意度、工作中的成就感等，主要偏重于个人感觉。保健因素只能减少雇员的不满意，但很难通过保健因素实现雇员对现有工作的满意，激励因素可以提升雇员对现有工作的满意，但不能抵消其在保健因素方面的不满意。双因素理论对雇员在企业的满意和不满意进行了深入研究，提供了雇员离职的一个基础理论来源。同时，双因素理论由于统计的地域较小，统计验证方法中有比例较高的人为判断主观因素，因此一直存在争议。

Katz 提出了企业组织寿命学说。他发现组织寿命的长短与组织内的信息沟通情况及获得成果有关。他认为，相同的一批人在一起工作一年半到五年是最合适的，低于一年半，则成员间信息沟通水平不高；超过五年，则组织趋于老化，解决的办法是通过雇员流动对组织进行改组，所以雇员在一个部门内的时间低于一年半或者高于五年都是不理想状态，时间高于五年的雇员应该进行流动。

中松义郎（1990）提出了目标一致理论。他在《人际关系方程式》中指出，处于群体中的个人的目标方向和群体方向越接近，个人的能力越能得到发挥，两者越不一致，个人的能力越会受到抑制。当不一致时，可以有两种解决办法：一是个人弥合与群体方向的差异，但这往往很难实现；二是个人离开组织，因此产生了雇员离职的行为。

英国科学家 Clark（1967）基于 17 世纪英国经济学家 Petty 的收入与劳动力流动之间关系学说的研究成果，提出产业变化导致不同产业中的劳动力不断迁移造成的雇员离职现象。也就是说，雇员离职的根本原因来自宏观层面，即经济结构性变化时产生的地区间、部门间的收益差异。美国学者 Lewis 进一步支持了配第-克拉克定律，提出著名的"经济二元论"，认为工业部门的工资水平比农业部门的平均收入高出 30%，他认为这是导致农业人口向城镇工业人口迁移的主要原因，并对其结论进行了验证。

2. 雇员离职的主流模型

（1）Prices1977 模型。美国学者 Prices（1977）通过分析雇员流出的决定性因素及影响变量，建立了 Prices 模型。他在对酒店的雇员流动进行分析后，认为有四类因素和雇员流出呈相关关系，即雇员融合度、薪酬水平、内部交流、正规交流，第五类因素是酒店权力的集中度，和雇员流出呈负相关关系。这五类因素通过中介调节变量对雇员流动发挥其影响，这些中介调节变量主要是雇员工作满意度和其他工作机会。

Prices1977 模型对雇员离职提出了大量的人口统计学变量以预测雇员的流动可能性大小，具有很强的实用价值。同时，Prices1977 模型的前提假设是，雇员有较高的其他工作机会时，雇员的工作不满意才会导致其做出流出的决定。但这个前提假设现在看来存在一定问题，因为许多的实证和经验表明，有相当数量的雇员并非由于工作不满意而离职，如 Lee 和 Mitchell（1994）提出的震撼模型。该模型提出，雇员的流动行为可能是因"震撼事件"而引起的，而不是由工作满意度而引起的，甚至并不受是否有可替换的工作机会的影响，该模型成功经受了多轮验证，而它和 Prices1977 模型的差别较大。

（2）动因模型。在 Prices1977 模型的基础上，Steers 和 Mowday（1981）建立了雇员离职的变量影响模型。该模型认为，雇员从进入企业到离开企业，是受到一系列对比和权衡的影响的。这些影响过程主要分为三个阶段：

第一阶段是入职前后，这是形成工作期望与工作态度的阶段。当雇员入职企业时，依据自身特质、对企业的判断、自身的其他工作机会这三个主要因素，形成在企业中工作的期望与态度。

第二阶段是工作过程中，固化工作态度和形成早期的雇员离职倾向，在这个阶段，工作态度吸收了各方面的新变量，进一步成形和巩固，而自身早期的离职倾向在此时开始出现，产生该流动倾向主要受两方面因素的影响：一是工作情绪因素，该因素受到工作绩效情况、工作期望、自身对组织的评价等影响；二是非工作因素，包括家庭影响、个人兴趣等。

第三阶段是产生离职意图和离职行为。

动因模型对雇员从入职到离职的全过程进行了情景化分析，将工作绩效和组织承诺度作为雇员离职的前因变量，强调非工作变量对雇员离职的影响。但是，该模型涉及较多变量，且变量之间的相关性在论证过程中比较模糊，没有清晰阐释。

（3）尖峰模型。Sheridan 和 Abelson（1983）提出了尖峰模型，又称尖峰突变模型（Cusp-ca-tastrophe）。该模型认为，雇员的工作状态由两部分构成，一部分是保持正常工作关系，当雇员的工作满意度下降到低于某一个阈值时，其工作态度和组织承诺度等各方面均会发生突然性的变化，从而进入另一部分工作状态，即离职。该模型的贡献在于，它把雇员的流入流出过程视为非线性函数，而不是线性函数。同时，该模型存在一定的缺陷，即对于该模型中决定尖峰突变的变量是哪些一直存在争议，而且，非工作因素没有被考虑到模型中。

（4）震撼模型。Lee 和 Mitchell（1994）从不同于传统的过程性分析的新角度提出了震撼模型，认为雇员离职是"震撼事件"所引起的。"震撼事件"包括很多，例如家庭出现大的变动、在企业中出现标志性事件、参加一次讲座、看了一场电影等。该模型指出，雇员的流动行为可能是"震撼事件"引起的，而不是工作满意度引起的，甚至并不受是否有可替换的工作机会的影响。同时给出了雇员离职的 4 种途径，其中前 3 种都是"震撼"引发的雇员离职。

Lee 和 Mitchell 对震撼模型及其改进模型进行了实证研究，发现仅 7.4%的样本个体没有被验证（张勉和李树苗，2002），其他样本均得到验证。这说明该模型的准确率相当高。该模型也存在不足之处，即其对于"震撼事件"包括哪些具体内容没有明确，使得该模型可用性受到限制。

（5）Price-Mueller 模型。Price 和 Mueller 以 Price1977 模型为基础，吸收了经济学等交叉学科的成果，发展了一个新的雇员离职模型。该模型经过多次改进，最后稳定为 Price-Mueller2000 模型。该模型通过一系列实证研究，将雇员离职的相关变量归纳为 4 类，即环境变量、个体变量、结构变量、过程变量。他们认为，环境变量对雇员的入职行为以及流动行为有重要影响，个体变量和结构变量会影响工作满意度和组织承诺等中介调节变量，这些中介调节变量影响雇员的流动行为（张勉和张德，2006）。

Price-Mueller 模型是一个基于多种交叉学科成果的多学科模型，对雇员离职有较好的预测准确性。但该模型包含较多变量，变量之间的中介传导过程比较复杂，Price 和 Mueller 在模型中没有明确地阐释其中介传导的原因，限制了其模型的应用效果（徐茜，2010）。

三、本章小结

本章对研究中所涉及的理论作了概述和分析，主要包括信用风险管理理论、雇员离职相关理论。

在信用风险管理理论方面，本章列举了这方面的主要理论，并分析了理论的演进路线，认为可以分为传统和现代两个阶段，前者以定性化、静态化、历史成本法为主，后者以定量化、动态化、盯市法为主，但当前成熟的现代化信用风险计量模型的应用大多需有前提条件，在我国的落地受到限制。

在雇员离职相关理论方面，本章概述了映像理论、嵌入理论和震撼理论这三个本书应用比较深入的理论。其中，震撼理论是本章引用的组织行为学主要理论，同时介绍了震撼模型的基本原理及其提出的离职决策4条路径，而映像理论是震撼理论的基础理论。

第三章

企业重大风险对雇员的离职压力 QSIM 定性仿真模型构建

本书从重大信用风险的主要成因出发，将其划分为相应的明细类别，然后研究企业每个风险明细类别如何对企业雇员产生压力，挤压雇员从而导致其离职。本书将研究出来的风险企业中群体离职现象的假设指标，通过一定量的企业数据进行模型检验，以验证假设是否成立。

图 3-1 是理论假设的多步推导思路。本章作为论证主体的开始部分，先研究重大信用风险的分类，即从风险成因的角度划分出重大风险的 5 个大类，然后进一步划分为重大风险的 12 个小类，之后以 QSIM 定性仿真模型研究企业的各个重大风险类别对雇员产生的离职压力。第四章将通过震撼模型等推导出风险企业中雇员群体在 12 种风险压力下群体离职行为形成的动态过程及其特征，将特征汇总作为本书识别企业重大风险的预警信号体系，并在第五章进行预警模型的构建与验证。

图 3-1 理论假设的多步推导思路

一、基于风险成因推导企业的
重大信用风险的种类

（一）重大信用风险的主要类别划分

本书从金融机构的信贷角度研究企业风险。企业在生产经营过程中，会发生大小不一的信用风险，但只有如前文所述的可能严重影响企业生产经营的风险，才能称为重大信用风险。本书从成因的角度分析企业发生重大信用风险的类别，能够看到，绝大多数重大信用风险集中在五个类别。

1. 宏观与行业类

宏观环境和行业景气是企业发展的基础背景。通常来说，当宏观环境和行业景气向好时，企业发展会欣欣向荣，资金融通也便利；反之，当宏观环境恶化和行业不景气时，企业会出现各种危机，资金融通也将趋于紧张。因此，宏观环境和行业景气是企业出现重大信用风险的相当重要的因素。

在经济下降周期中，无论是大企业还是中小微企业，都有可能出现大额坏账、不良资产诉讼甚至破产等重大信用风险，企业信贷的违约率往往急剧上升。近年来，我国许多企业甚至大型企业集团，如渤海钢铁集团、山东魏桥集团等，陆续出现重大信用/信贷风险。当前宏观环境与行业景气的下行，是这些企业出现重大信用风险的主因之一。

2. 企业经营类

企业作为一个参与市场化竞争的组织，需要良好的经营才能实现效益增长和风险可控。当企业自身经营出现大的负面问题时，即使外部环境和外部条件很有利，企业也很难发展为优秀企业，甚至可能成为具有重大信用风险的企业，例如严重亏损、大幅减员、破产等。

所以，很多企业出现重大信用风险，其成因来源于企业的经营层面。若企业经营有效，即使外部条件恶劣，企业自身也具有一定的能力去克服困难；反之，即使外部条件优越，经营不善的企业仍然把握不住，投入越多，可能亏损越多。

3. 企业资金流类

统计资料表明，西方发达国家有80%的破产企业，破产时账面仍是盈利的，导致它们倒闭的，不是销售不利或者上下游产业链出现问题，而是现金流量不足。香港百富勤公司和珠海巨人公司在倒闭时，财务报表还处于盈利状态，但现金流无法偿还到期债务。企业资金流层面的危机，可以是企业资金出现紧急的流动性缺口，可以是企业资产负债过高，可以是贷款到期无法归还。资金流是一个企业的血脉。对于出现重大信用风险的企业来说，无论哪种原因都是其出现重大信用风险的根本成因，大多数都将或早或晚出现资金流层面的问题，引发企业运营血脉中断，出现重大危机。

4. 贷款欺诈类

信贷的资金流特点是借款在先，还款在后，所以其风险具有滞后性，因此，这是金融信贷市场上欺诈行为的主要先天性根源之一。特别是，以中国为主的东亚地区市场与西方市场有个显著的不同点，即中国大量的信贷风险是由欺诈性操作风险引发的，也就是说，企业的欺诈行为是我国金融市场引发重大信用风险的主因之一。

5. 还款主观意愿类

还款主观意愿是企业或者企业家主观上的还款考虑。由于我国的信用体系不发达，企业或者企业家如果采取一些办法拖欠甚至不还款，其受到的惩戒力有限，甚至被简单归类为企业经营原因。所以，造成借款主体在还款主观意愿上存在较大问题。

对于银行贷款来说，由于逾期贷款要上人民银行征信黑名单，从而影响后期再贷款，所以，贷款企业不能随意地逾期不还银行贷款；但很多非银行的金融机构，因不能和人民银行的征信系统对接，所发放的贷款很难进入人民银行征信报告，导致不少企业和企业家采取多种手段逃避非银行金融机构的追债催收，有意拖欠不还，从而对金融机构形成信用风险。

（二）重大信用风险的明细类别划分

上述五个类别是将信用风险从主要成因方面进行的划分。如果仅仅从这些大的成因划分，线条比较粗，难以把企业重大信用风险和企业雇员的离职联系起来，所以本书从上述五个风险类别出发，推导每类风险成因有哪些具体的风险明细类别，以便在后文中进一步从明细风险类别出发，研究企业各类重大信用风险对雇员传导的各种压力，从而得出风险企业雇员离职的群体特征，以形成预警信号。

1. 宏观与行业环境类

在宏观与行业环境下，多出现以下两种风险。

（1）宏观经济环境变化。本条指企业的外部经济大环境变差，业务发展出现困难，企业无法还贷。

（2）产业政策变动。本条指企业的产业政策发生较大变化，例如环保政策出台、年检政策发生变化、食品安全生产政策出台、实施许可证或牌照制度等，企业业务因此受到较大影响，无法正常经营和还贷。

在我国，由于产业政策出现变化，导致企业受到很大影响，甚至濒临破产，这样的案例很多。例如，我国在雾霾治理期间，有少部分地区为消除雾霾和环保达标，对不少涉污企业实行关停并转，使得这些企业受到较大影响，部分企业濒临破产倒闭。这种来自宏观政策和产业政策的变化，对企业有相当大的影响，也是企业重大信用风险的一个来源。特别是在政策不稳定的地区，企业将承受很高的政策风险。

2. 企业经营类

在企业经营方面，可以进一步细分为下列风险。

（1）企业自身生产经营恶化，无法还贷。企业经营不善是企业重大信用风险的最直接的原因之一。企业作为一个从事经济活动的组织，需要对内开展经营管理活动，对外开展市场销售活动，并通过这种良性有机的运营而取得经济收入。如果企业在这个机制中运营不佳、不能良性运转，就会导致收入与支出不平衡，即使宏观环境与行业景气向好、市场繁荣，也有企业面临重大困境，资不抵债，无法归还银行贷款的风险。

（2）企业过度融资导致后期紧缩。这种风险一般指企业在扩张期贷款过多，后期出于各种原因遭遇贷款压缩，导致无法还贷，同时诉讼迅速增多，企业难以偿还贷款。

企业在经营管理活动中，如果对大的环境和市场形势没有好的信息渠道与评估能力，容易产生盲目扩张的冲动。这种冲动表现为通过各种方式甚至高利贷形式取得贷款，投入到各种新项目和新产业方向上，甚至投向和主业不相关的项目包括金融、文化等虚拟产业中。如果企业项目不能见效，企业累积的应付账款和银行贷款成为压倒企业的巨石，这还将导致一系列诉讼的增加。所以，这是企业经营管理中因过度融资导致后期紧缩的重大信用风险的风险形式。

（3）贷款未正常使用，出现重大缺口而无法到期还贷。这种风险主要是指企业将款项未按规定投入，而是变更贷款用途，在新的贷款用途下又未能收回收益，比如短贷长投项目，导致无法还贷。

对于投融资项目，金融机构有固定的风控审批要求，即贷款要按申请时的用途使用。但由于部分企业往往是以合理的名义套取贷款，用于其他方面，所以，这类企业在取得贷款后，会想方设法将之转为其他方面的用途。

如果企业改变用途后，其预测和进展是正确的，则企业能正常归还该笔贷款，但有时企业的项目并不是一帆风顺的，这样，企业贷款可能会没有实现预期收入，而企业占用了贷款又无法一时抽离，这种情况下，企业可能在很大程度上无力归还贷款，并引发一连串的企业资金流挤兑，从而触发企业的重大信用风险。

（4）司法、担保或者查封风险。这种风险指企业出现司法诉讼或者担保代偿，导致财产被查封或者强制扣减，从而无法还贷。企业的司法和担保问题，一直是企业重大信用风险的重要起因之一。企业在司法诉讼中败诉，导致财产被查封；或者，企业给其他组织或个人提供了担保，若该组织或个人出现了违约，企业需要承担连带责任，也就是法院会查封企业的资产。

当企业被查封资产后，企业可能无法开展正常的生产经营，或者企业的生息资产减少，收入相应下降，企业可能无力归还银行贷款，从而引发企业重大信用风险。

在我国，来自司法和担保层面的企业信用风险，往往呈现出隐性风险的特点。企业在向银行金融机构申请贷款时，一般不会介绍自己有哪些司法诉讼正在处理，也较少主动介绍自己的隐性对外担保，主要是为了能顺利获得贷款。但由于我国相关信息体系缺乏透明度，司法诉讼记录在前期阶段未必能查找到，而隐性担保也无法查询到，所以，导致了往往是事发后，比如企业因隐性担保产生风险被对方起诉了才会暴露出来。而在暴露出来时，已经形成了企业重大信用风险。

3. 企业资金流类

在企业资金流方面，可进一步细分为下列风险：

（1）应收账款过多，企业回流现金不足以支持还贷。

（2）经营正常，但企业资金流动性差，被短期挤兑而出现流动性危机。

对于一些风险企业来说，账面上可能是盈利的，但企业甚至没有足够资金支付雇员工资、房租和短期债务。香港百富勤公司和珠海巨人公司就是由于该原因而破产的。特别是，资金的流动性危机是导致金融机构出现破产等重大信用风险的最大和最直接原因。

资金流动性差的重要原因往往是企业没有做好资产负债化管理。资金的流动性差，也将给雇员的工作节奏和薪资收入带来压力。

4. 贷款欺诈类

在欺诈层面，常见的是企业编造虚假材料取得贷款。

金融机构对企业的贷款承受重大信用风险，欺诈是一个重要原因。而欺诈行为，又较多表现在企业出具的贷款申请材料部分甚至绝大部分是虚假的。这些虚假材料表现为贷款的申请主体虚假、银行流水虚假、财务资料虚假、抵质押材料虚假、存货与凭证虚假、征信虚假，等等。

企业材料虚假，是我国金融机构面临的突出问题。许多企业在材料申请中或多或少都存在造假行为。由于本书所研究的是企业重大信用风险，因此，不针对小的甚至可以忽略的造假情况，而针对较大的造假情况。

5. 还款主观意愿类

当企业的重大信贷风险是由于企业的还款主观意愿而形成时，往往意味着企业出现下面三种情况：

（1）企业完全不准备归还贷款。

（2）企业没有完全不想还贷，但不想按时还，对及时还贷款不在意，总想一直拖延。

（3）企业家生活铺张，把贷款或者公司业务收入都用于个人消费。

一般而言，对于银行贷款，上述几种不考虑正常归还的企业占比不是特别大，因为银行的处置手段相对成熟，包括可以将企业上报人民银行征信黑名单，对其未来融资将产生重大不利影响。

但是，对于其他金融机构，特别是民间金融机构的贷款，由于这些金融机构缺乏征信处置手段，所以，主观意愿上不考虑及时归还的借款企业为数不少。

这类企业往往在征信上存在一定问题。因为它对于这笔贷款并不打算归还全部或者部分，说明其还款意愿很薄弱，根据延续性的推理，可推测该企业以往的还款意愿也很薄弱，所以，该企业很可能以往就曾经对其他金融机构产生过贷款逾期，征信上可能存在一定问题。

二、企业重大风险对雇员的离职压力
QSIM定性仿真模型的基础

本书中的压力仿真模型，是基于定性的角度构建的。本节从该压力模型的概述、相关概念定义、定性状态转换等相关内容做简要的介绍。本章所提出的 QSIM 定性仿真模型主要研究企业重大信用风险对雇员离职的压力情况，同时对 QSIM 建模方法也有相应的改进，能够进一步提高模型的可行性、可信度和准确性。

（一）定性建模的基本概念

定性仿真模型的输入变量是企业重大信用风险压力及类型，而模型的输出变量是在经过定性推理后得到的雇员离职意愿定性状态值。

第一，企业重大风险与雇员的离职压力的定性仿真过程是从一个已知的系统结构和系统的初始状态出发，并以此构建一个系统行为有向图；该有向图囊括了系统未来所有可能的行为状态，即雇员离职意愿的不同定性状态，以及这些状态间直接的后继关系，系统的状态行为都包含在该有向图中，并且是从系统初始状态出发而形成的一条路径。

第二，企业重大风险对雇员的离职压力的定性仿真系统的结构由物理参数的符号集合组成，而且这些参数由彼此约束的方程组成，雇员离职意愿定性状态值可以由定性函数和数学关系计算获得，尤其是雇员离职压力受到企业多个不同的重大风险影响时更需要这些函数关系计算得出。

第三，下文在介绍重大风险对雇员的离职压力的定性仿真建模时，分别对时间点、时段区间进行了具体的介绍。在重大风险对雇员的离职压力的定性仿真研究中，每个物理参数都是重大风险时间点上的连续并且是可微实值函数，因此定性建模在不同的时间点和时段区间都能得到相应的雇员离职意愿定性状态值，进而能够判断出雇员真实的离职行为。

第四，当雇员离职压力受到的企业多个不同重大风险的影响时，可以借助 QSIM 定性仿真模型的多因素分析原则进行合并分析，从而得出在某个时刻或者时间区间，雇员离职压力的定性状态值变化情况及具体值。而且，通过 QSIM 定性仿真模型的定义可以得出，企业雇员离职压力在某个时间区间的定性状态值处于动态变化的过程，且可以结合通用函数状态进行定性状态转换分析。

企业重大信用风险压力与雇员离职关系的组成包括多个可推理函数，这些函数有其特有的路标值集合以及可区分时间点集合，$F = f_1, f_2, \cdots, f_n$，推理函数 F 的可区分时间点是单个函数 f 的可区分时间点的并集，因此，企业重大信用风险压力与雇员离职关系的定性状态可以表示为该系统内部所有可推理函数定性状态所组成的 n 元组，即在某个时间点，雇员的离职意愿由多个不同的企业重大信用风险压力共同影响，雇员是否会做出离职决定是由多个不同可推理函数路标值的并集决定的。

由上文可知，雇员离职定性状态函数无法在两个相邻的可区分时间点间通过路标值，因此 $f'(t)$ 不会发生符号的变化，对于给定的两个可区分时间点，其函数定性状态是不变的。这里也可以将 inc、std 和 dec 的值设置为 1、0 和 -1，分别表示增加、保持不变和减少，即雇员的离职意愿随着企业某个重大信用风险的递增而呈现出增加、保持不变和减少的趋势。基于前文分析，可以将企业重大信用风险压力分为五个主要类型，即宏观与行业方面的风险压力（f_1）、企业经营方面的风险压力（f_2）、企业资金流方面的风险压力（f_3）、企业贷款欺诈方面的风险压力（f_4）和企业还款主观意愿方面的风险压力（f_5）。

（二）定性仿真模型

在对企业重大信用风险压力与雇员离职关系进行定性仿真时，应确定该系统的结构，同时定义该系统的初始状态。基于企业重大信用风险压力与雇员离职关系和初始状态的定义，并加以转换即可形成有向图。有向图包含一系列的箭头，每个箭头都代表了企业重大信用风险压力与雇员离职关系中的某个变量在将来可能发生的状态。同时，有向图还能够实现对状态关系的表示，而企业重大信用风险压力与雇员离职关系及将来的行为是该有向图中的某条路径。借助 QSIM 定性仿真建模研究企业重大信用风险压力与雇员离职关系，是利用 QSIM 定性仿真模型自身的优势，能够将企业重大信用风险压力与雇员离职关系看成一个复杂的系统，并且能够将该系统细分成多个彼此相互联系、相互影响的子系统，不同的子系统受到多种关键因素的影响。

（三）定性状态转换

企业重大信用风险压力与雇员离职关系的定性仿真根本上而言是依据相关理论进行风险压力与群体离职这个微系统发展变化的推导，其当前状态根据定性约束或者数学约束以实现状态的不断演变，从而实现系统整体状态的不断推进。QSIM 定性仿真关系状态的转变可以分为 P 转换和 I 转换两种，如表 3-1 所示。通过企业重大信用风险压力与雇员离职关系函数上的各阶段状态值可以实现对该系统函数的后继状态求解。

表 3-1　通用函数状态转换

P 转换	$QS(f, t_i) \rightarrow QS(f, t_i, t_{i+1})$	I 转换	$QS(f, t_i, t_{i+1}) \rightarrow QS(f, t_i)$
P_1	$<l_j, std> \rightarrow <l_j, std>$	I_1	$<l_j, std> \rightarrow <l_j, std>$
P_2	$<l_j, std> \rightarrow <(l_j, l_{j+1}), inc>$	I_2	$<(l_j, l_{j+1}), inc> \rightarrow <l_{j+1}, std>$
P_3	$<l_j, std> \rightarrow <(l_{j-1}, l_j), dec>$	I_3	$<(l_j, l_{j+1}), inc> \rightarrow <l_{j+1}, inc>$
P_4	$<l_j, inc> \rightarrow <(l_j, l_{j+1}), inc>$	I_4	$<(l_j, l_{j+1}), inc> \rightarrow <(l_j, l_{j+1}), inc>$
P_5	$<(l_j, l_{j+1}), inc> \rightarrow <(l_j, l_{j+1}), inc>$	I_5	$<(l_j, l_{j+1}), dec> \rightarrow <l_j, std>$
P_6	$<l_j, dec> \rightarrow <(l_{j-1}, l_j), dec>$	I_6	$<(l_j, l_{j+1}), dec> \rightarrow <l_j, dec>$
P_7	$<(l_j, l_{j+1}), dec> \rightarrow <(l_j, l_{j+1}), dec>$	I_7	$<(l_j, l_{j+1}), dec> \rightarrow <(l_j, l_{j+1}), dec>$
		I_8	$<(l_j, l_{j+1}), inc> \rightarrow <l^*, std>$
		I_9	$<(l_j, l_{j+1}), dec> \rightarrow <l^*, std>$

注：std 表示不变，inc 表示增加，dec 表示减少。其中：I_8 和 I_9 转换发现了新的路标值 l^*，$l_j < l^* < l_{j+1}$。

（四）定性描绘图

在对企业重大信用风险压力与雇员离职关系进行定性仿真时，可以使用定性绘图技术实现对系统物理参数的定性表示。其中，Y轴表示物理参数的路标值，X轴是可区分时间点的集合。有意义的垂直位置在路标值上或路标值中间，真实的时间点在可区分时间点上或可区分时间点间。每个点用"↑""↓""→"标记，上述的标记用来描述仿真建模过程中的参数变化方向，分别表示参数"增加""减少"和"不变"，企业重大信用风险压力与雇员离职关系定性描绘图如图3-2所示，图中垂直位置用来确定参数的定性值，即雇员离职意愿（W），横坐标值指企业重大信用风险发生的可区分时间点。该图表示的是在 t_0 时刻企业重大信用风险压力与雇员离职关系定性描绘，雇员在 t_0 时刻的离职意愿有可能会随着企业重大信用风险的发生而增强，由初始状态的 W_0 增强至 W_1；或者雇员在 t_0 时刻的离职意愿不随着企业的重大信用风险改变而改变，继续保持原有状态，即离职意愿值会持续保持在 W_0 的水平；也有可能企业雇员在 t_0 时刻的离职意愿会随着企业重大信用风险的减弱或针对性措施的实施而降低，由初始状态的 W_0 降低至 W_2。

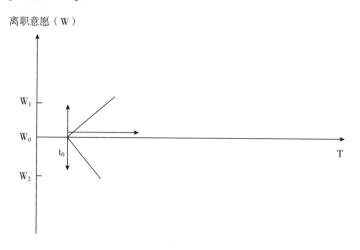

图3-2　t_0 时刻（初始状态）企业重大信用风险压力与雇员离职关系定性描绘图

这里定义 $W = F = QS(F, t_0)$，$QS(F, t_0, t_1)$，…，$QS(F, t_n) = f_1$，f_2，…，f_5，W 表示雇员离职意愿与企业重大信用风险的关联性，函数 f_1、f_2、f_3、f_4、f_5 分别表示如前文介绍的企业五类重大信用风险——宏观与行业方面风险、企业经营方面风险、企业资金流方面风险、企业欺诈行为方面风险、还款主观意愿方面风险。

企业重大信用风险压力与雇员离职关系定性描绘图如图 3-3 所示，纵坐标表示雇员在企业发生重大信用风险时不同时刻的离职意愿（W），横坐标表示时间，即企业发生重大信用风险的不同时间信息。

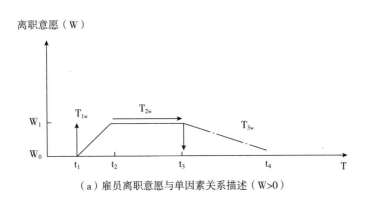

（a）雇员离职意愿与单因素关系描述（W>0）

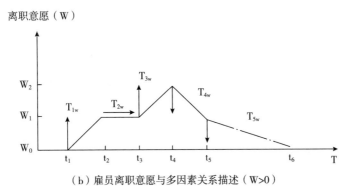

（b）雇员离职意愿与多因素关系描述（W>0）

图 3-3　企业重大信用风险压力与雇员离职关系定性描绘图

离职意愿（W）

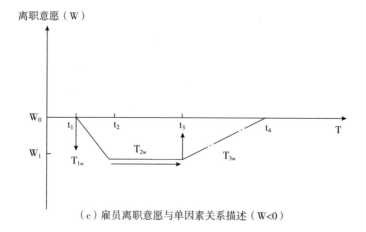

（c）雇员离职意愿与单因素关系描述（W<0）

离职意愿（W）

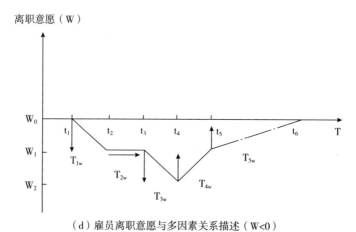

（d）雇员离职意愿与多因素关系描述（W<0）

图 3-3　企业重大信用风险压力与雇员离职关系定性描绘图（续）

对于图 3-3（a）：

T_{1w} 表示从企业重要信用风险因素函数（f_1、f_2、f_3、f_4、f_5）对雇员离职意愿结果 W（W>0）发生影响开始到 W 的状态完全稳定到路标值 W_1 为止所需时间，（t_4-t_1）表示结果变量 W 从路标值 W_1 回归到原路标值 W_0 为止所需时间，本书假定雇员离职意愿结果变量 W 受影响而变化的时间和恢复到原状态的时间相等，T_{2w} 表示雇员离职意愿的状态稳定不变的时间，T_{3w} 指雇员在经过了一段状态稳定期后恢复到原来的初始状态 W_0 所经历的时间，通常情况下，T_{3w} 比 T_{1w} 的时间长短与雇员个人有很大的关系，同时也与企业重要信用风险因素函数（f_1、f_2、f_3、f_4、f_5）的类型有着强烈的关联性。

对于图 3-3（b）：

T_{1w} 表示从企业重要信用风险因素函数（f_1、f_2、f_3、f_4、f_5）对雇员离职意愿结果 W（W>0）发生影响开始到 W 的状态完全稳定到路标值 W_1 为止所需时间；T_{2w} 表示雇员离职意愿的状态稳定不变的时间；T_{3w} 指雇员在受到新的企业重要信用风险因素函数（f_1、f_2、f_3、f_4、f_5）影响后，其离职意愿结果 W 发生变化后到达新的路标值 W_2 为止所需时间；T_{4w} 指雇员在经过路标值 W_2 恢复到原来的初始状态 W_1 所经历的时间；T_{5w} 指雇员在经过路标值 W_1 恢复到原来的初始状态 W_0 所经历的时间。图 3-3（b）阐述的是，当雇员受到两个不同的企业重大信用风险影响而发生离职意愿变化的定性状态。

对于图 3-3（c）：

T_{1w} 表示从企业重要信用风险因素函数（f_1、f_2、f_3、f_4、f_5）对雇员离职意愿结果 W（W<0）发生影响开始到 W 的状态完全稳定到路标值 W_1 为止所需时间，（t_4-t_1）表示结果变量 W 从路标值 W_1 回归到原路标值 W_0 为止所需时间，本书假定雇员离职意愿结果变量 W 受影响而变化的时间和恢复到原状态的时间相等，T_{2w} 表示雇员离职意愿的状态稳定不变的时间，T_{3w} 指雇员在经过了一段状态稳定期后恢复到原来的初始状态 W_0 所经历的时间。

对于图 3-3（d）：

T_{1w} 表示从企业重要信用风险因素函数（f_1、f_2、f_3、f_4、f_5）对雇员离职意愿结果 W（W<0）发生影响开始到 W 的状态完全稳定到路标值 W_1 为止所需时间；T_{2w} 表示雇员离职意愿的状态稳定不变的时间；T_{3w} 指雇员在受到新的企业重要信用风险因素函数（f_1、f_2、f_3、f_4、f_5）影响后，其离职意愿结果 W 发生变化后到达新的路标值 W_2 为止所需时间；T_{4w} 指雇员在经过路标值 W_2 恢复到原来的初始状态 W_1 所经历的时间；T_{5w} 指雇员在

经过路标值 W_1 恢复到原来的初始状态 W_0 所经历的时间。图 3-3（d）阐述的是，当雇员受到两个不同的企业重大信用风险影响而发生离职意愿变化的定性状态。

针对图 3-3 描述的企业重大信用风险压力与雇员离职关系描述，还需要补充以下内容：

（1）图中"↑""→""↓"标记表示雇员离职意愿的定性状态转移，其中，"↑"表示雇员离职意愿随着企业某个重大信用风险呈现出上升的趋势。"→"表示雇员离职意愿没有表现出上升或下降的趋势，定性状态保持稳定不变，这也是雇员在受到企业重大信用风险影响后的一段时间，雇员在这个阶段会综合判断并可能会做出最终的抉择——离职还是继续工作。"↓"表示雇员离职意愿随着企业某个重大信用风险呈现出下降的趋势。

（2）图 3-3 展示的是企业雇员受到单个重大信用风险或多个重大信用风险影响后，其离职意愿的定性状态变化，企业发生某类重大信用风险对不同的雇员而言，其定性状态变化量是不同的，即不同的雇员离职意愿结果 W 在发生影响开始到 W 的状态完全稳定到路标值 W_1（或 W_2）是不同的。例如，在某个企业内部，不同性别、学历、工作年限的雇员在企业面临宏观与行业风险、重大经营风险、资金流风险、欺诈风险或还款主观意愿风险时，离职意愿的强烈程度是不同的，路标值 W_1（或 W_2）也不同。图 3-2 展示的是单一类型雇员的定性状态变化情况，可为不同类型雇员面对同样企业重大风险作出对比分析。

（3）图 3-3 展示的是企业雇员在面对企业重大信用风险后，离职意愿的定性变化最终趋向于初始状态 W_0。这意味着企业雇员在面对企业发生各类重大信用风险后，产生过离职的意愿和打算，最终还是恢复到初始状态 W_0 而继续留在工作岗位。但是，不同类型的雇员其恢复时间 T_{3w}（T_{5w}）存在差异性，有的雇员恢复时间可能比较短，有的雇员可能耗时较长，甚至会趋向于无法预计的时间，即这段时间该雇员可能一直处于离职决策阶段，一旦找到合适的机遇或者更好的单位就会直接选择离职。

（4）图 3-3 给出的是企业重大信用风险压力与雇员离职的关系定性描绘图，基于前文的分析可以得出企业五类重大信用风险（f_1、f_2、f_3、f_4、f_5）还可以进一步细分，例如重大信用风险 f_1 可以细分为（f_{11}、f_{12}、f_{13}、f_{14}、f_{15}），在这里，被进一步细分的企业重大信用风险（f_{11}、f_{12}、f_{13}、f_{14}、f_{15}）与雇员离职意愿定性关系仍然可以用图 3-2 进行描述。

（5）图 3-3 没有给出企业雇员在同一时刻面临不同的企业重大信用风险时离职意愿的定性状态变化，而是给出了具有明显时间先后顺序的离职意愿定性状态变化。由于企业可能会在同一时刻或者时间段内出现不止一种重大信用风险，或者企业在积极应对处理某种重大信用风险时又出现了新的企业信用风险，那么雇员在这样的局面下，其离职意愿定性状态较为复杂，如前文介绍的，雇员在面对不同的企业重大信用风险时会产生相应的可推理函数 $F = f_1, f_2, \cdots, f_m$，而且这些可推理函数具有各自不同的路标值集合和可区分时间点，雇员在某个时间点上的定性状态是根据单个可推理函数定性状态而组成的一个 m 元组，本书选择了五类企业重大信用风险，即 m 值最大为 5；如果将 5 类企业重大信用风险进一步细分，则 m 值会随着风险的细分而增大，而 m 值的增加会给企业雇员离职意愿定性状态的计算带来较大的难度，如图 3-4 所示。

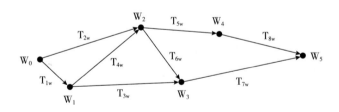

图 3-4　企业多个重大信用风险压力同时发生与雇员离职关系定性描述

图 3-4 中，企业雇员的离职意愿定性状态从 W_0 开始，在同一时刻受到两类不同的企业重大信用风险的影响而产生两种不同类型的定性状态变化，并得到两个不同的离职意愿结果 W_1 和 W_2，而且，该名雇员在受到两

类不同的企业重大信用风险影响后达到新的定性状态耗时也不相同。当遇到新的企业重大信用风险时，离职意愿结果还会发生新的定性状态转换，同一个雇员在受到多次不同类型企业重大信用风险影响后可能会达到相同的定性状态。如图 3-4 所示，该雇员经过多次不同类型企业重大信用风险后通过不同的定性状态变换均能达到 W_2、W_3 和 W_5。

（五）定性仿真过程

根据上文所述，在对 5 种不同企业重大信用风险对雇员离职压力传导过程进行定性仿真时，首先需要确定企业重大信用风险压力的结构描述以及系统的初始状态，然后从初始状态出发，依照可推理函数进行雇员离职的未来行为预测。具体来说，首先，确定企业重大信用风险的定性函数，并实现其 t_0 时刻的状态表示。其次，通过定性仿真模型实现系统状态树的描绘，从而给出未来雇员离职的所有可能行为，从状态树的根部到某个叶子节点的路径的所有状态，组成了系统的一种可能行为。

基于 QSIM 定性仿真模型的企业重大信用风险压力与雇员离职关系评估分析的步骤如下：首先，确定企业重大信用风险压力与雇员离职关系在当前时间点所处的状态，并利用表 3-1 所提供的通用函数转换表计算系统的后继状态；其次，借助定性约束规则对系统非可行状态进行排除操作。由于系统在某个时间点状态的后继状态可能会不止一个，导致企业重大信用风险压力与雇员离职关系的可能状态会组成一棵状态树的形式，具体的实施过程如下：

（1）选择系统的任意状态作为仿真建模的初始状态。

（2）借助表 3-1，计算出每个可推导函数对初始状态的转换集合。

（3）针对系统仿真建模中的每种约束，生成状态转换的多元组集合，并且根据约束条件规则过滤不一致的元组。

（4）在步骤（3）过滤完不一致的元组后进行配对过滤，即如果两个元组具有相同的函数则其转换应该是一致的。

（5）对剩余的元组进行组合，从而实现企业重大信用风险压力与雇员离职关系状态的全局解释，如果存在相应的全局解释则将其状态作为当前状态的后继，否则将该状态标记为不一致。

（6）全局过滤上述步骤所产生的定性状态，并且确定新产生的状态是否应列入系统仿真建模的活动状态表。

三、企业重大风险对雇员的离职压力 QSIM定性仿真模型的构建与检验

根据定性建模所具有的特性，可以将企业重大信用风险压力定性建模视为"假设与验证"的循环，即首先确定企业重大信用风险压力定性建模的初始状态，然后借助模型推理和观察结果对初始状态进行合理的修正与调整。初始状态的调整是针对企业重大信用风险压力定性建模的结果进行验证，初始状态的修正是对仿真建模的方法与描述机制进行确定，通常运用的是组合建模方式。

（一）QSIM 定性仿真模型设计规则

QSIM 定性仿真模型设计的规则包括参数设置规则、定性推理规则、定性状态转化规则、不同企业重大信用风险共同作用的计算规则等。模型表达的是变量间的定性影响关系，无法用数学模型描述，需要根据变量间的相互作用关系设定模拟的规则，包括变量间的作用方向和作用程度，多个变量如何同时对某一个变量产生影响，以及变量受作用之后如何变化等。

规则一：参数设置规则。本书研究企业重大信用风险对雇员造成的离职压力，以及由此形成的离职意愿定性状态转换，因此参数设置主要是企业的重大信用风险因素。

规则二：推理顺序规则。从震撼模型看，雇员无论是沿着模型的路径

1、路径 2、路径 3，还是沿着遵守 Mobley 中介联系模型的路径 4，都会审视自己的当前状态，并不断与价值映像、轨道映像、策略映像相比较，从而产生对本人的本项工作的价值评价与取舍判断。由此可见，在市场化企业中就职的雇员的职业意愿是动态变化的，而不是长年静止不变的，所以，雇员离职定性状态二元组变量的定性值会连续变化，即雇员离职意愿不会长期、永远处于某个状态，而会随着企业重大信用风险因素的变换而发生定性状态的改变，可以从某种状态变化到其他状态，例如可以从"↓"变成"→"或"↑"。

规则三：定性变化一致性规则。雇员离职定性状态在受到单个企业重大信用风险的影响时，该风险因素所产生的作用方向是确定的，即将变量代入表 3-1 能够得到确定的雇员离职定性状态推理结果，并会得到下一个阶段明确的定性状态值。

规则四：同时变化规则。雇员离职定性状态在受到两个企业重大信用风险的影响时，需要按照相应的规则确定其综合作用，即在得到两个定性状态变量结果后进行综合分析，并将所受作用和变量的当前状态代入指定的转换规则表进行推理，确定下一阶段的可能状态。

规则五：时间优先规则。雇员离职定性状态在受到两个企业重大信用风险的影响时，影响效果强烈的定性状态值发挥主要作用，且雇员离职意愿定性状态变化的时间间隔短。

规则六：状态转移规则。通用转换规则和定性状态变化过程中，箭尾是变量的当前状态，箭头所指为可能的后续状态，箭尾上的符号表示雇员离职定性状态所受作用的方向；如果某个变量有多个可能后续状态，可以根据相关常识或者统计数据来确定各后续状态出现的概率。

规则七：状态合并规则。雇员离职意向定性状态值和定性状态变化具有积累效应，即雇员在受到多个企业重大信用风险影响因素的作用后会增强或削弱其离职意向，并且该离职意向的定性状态值比单个要大。

（二）QSIM 定性仿真模型变量及含义

首先，基于 QSIM 定性仿真模型定义 5 类主要成因来推导出企业的 5

种重大风险的变量表示及相应的含义；其次，基于 QSIM 定性仿真模型给出雇员离职现象的变量表示及相应的含义；最后，基于 QSIM 定性仿真模型给出 5 种不同企业重大信用风险对雇员离职压力传导过程的定性推导变量及含义。

基于前文分析，我们定义如下：

（1）W 表示的是雇员离职意愿与企业重大信用风险的关联性，即定性状态变化结果值。

（2）定义 qval 的值分别为 1、2、3、4、5，1~5 表示企业重大信用风险因素的定性状态变化的强度，1 表示强度最弱，5 表示强度最强。

（3）定义 qdir 的值分别为 -2，-1，0，1，2，$-2 \sim 2$ 表示定性状态变化方向，-2 和 -1 表示降低，即向下"↓"，0 表示定性状态保持不变，即"→"，1 和 2 表示上升，即向上"↑"。

（4）定义五类企业重大信用风险影响推理函数分别为 f_1、f_2、f_3、f_4、f_5，分别表示宏观与行业方面风险、企业经营方面风险、企业资金流方面风险、企业欺诈行为方面风险、还款主观意愿方面风险。

（5）定义一元变量包括 X_1、X_2、X_3、X_4、X_5，它们表示 qval 中的一个数，即五类企业重大信用风险影响推理函数的变量，M 表示 qdir 中的一个。

（6）二元变量包括 Z_1、Z_2、Z_3、Z_4、Z_5，表示为 <qval，qdir>，即五类企业重大信用风险影响推理函数的变量与定性状态变化方向。

当雇员离职状态变化的二元组变量受到某个企业重大信用风险影响因素的作用时，可能有多个后续状态，在模拟的过程中，我们可以假定每种可能的状态出现概率相等。由于雇员离职意愿具有积累效应，可由离职概率函数表达。即不同的企业重大信用风险影响因素会对雇员离职产生相应的、不同概率的离职影响。

（三）QSIM 定性仿真模型模拟步骤

首先，介绍 QSIM 定性仿真模型的模拟过程初始状态；其次，基于前文介绍的 QSIM 定性仿真模型步骤和变量定义，给出模型实现过程模拟；最后，得出 QSIM 定性仿真模型模拟的结果及结论总结等。

步骤 1：使 t = t$_0$ = 0，根据前文介绍的 QSIM 定性仿真模型设计规则，以及表 3-1 所示的定性状态转换规则，在因果关系图中从左向右依次推理雇员与企业重大信用风险间关系结果变量的后续状态。

步骤 2：对于有多个原因变量的结果变量，以时间优先规则为过滤器，选取雇员离职意愿的后续定性状态；对于只有一个原因变量的结果变量，由于雇员离职意愿定性状态变化是一个离散型的随机变量，因此可得到多个可能的后续状态。

步骤 3：以 QSIM 定性仿真模型设计中的时间优先规则为过滤器，去掉不可能的雇员离职意愿定性状态中的后续状态。

步骤 4：对于雇员离职意愿定性状态方向不一致的后续状态，使用状态合并规则进行合并处理。

步骤 5：如果已对雇员离职意愿与企业重大信用风险间因果关系图的最右边变量进行了推理，那么，转步骤 6；否则，转步骤 2。

步骤 6：将雇员离职意愿定性状态模拟时间 t 转换为下一个显著时间点或区间，并根据状态转移规则推理后续状态，如果后续状态已经恢复到初始状态，转步骤 7；否则，转步骤 2。

步骤 7：模拟结束。

步骤 6 中雇员离职意愿恢复到初始状态，表明企业雇员在受到各种环境因素作用以及经过一段时间相互作用后，雇员离职意愿达到了某种稳定状态。

（四）基于 QSIM 定性仿真模型的雇员离职行为定性模拟

1. 不同路径的 QSIM 定性仿真模型定性模拟

基于前文介绍的 Lee 和 Mitchell 提出的雇员离职过程四种场景路径，本部分将结合 QSIM 定性仿真模型对这四种路径进行定性模拟分析。

（1）路径 1 的 QSIM 模拟。路径 1 是有震撼事件、用以往电影剧本唤醒式的离职路径。企业雇员正处于正常工作状态，离职意向（W_1）没有明显变化的情况下，在某个时刻 t_0 该雇员受到某种因素（f_1）的干扰而给其离职率带来影响，但这种影响的后果却是不明确的，有可能会触发雇员的离职行为，但也可能不会带来雇员的直接离职行为触动。按照前文介绍的 QSIM 定性仿真模型的基本概念，可以得出该雇员离职意愿（W）在 t_0 的定性状态如下：

$$W_1 = QS(f_1, t_0) = <qval, qdir> = <0, 1> = <0, \uparrow>$$

$$或 W_1 = QS(f_1, t_0) = <qval, qdir> = <0, 0> = <0, \rightarrow>$$

$$或 W_1 = QS(f_1, t_0) = <qval, qdir> = <0, -1> = <0, \downarrow>$$

在 t_1 时刻，该雇员会对某种因素（f_1）进行搜寻和对比分析，找出类似的历史事件，并且会在 t_1 时刻做出离职决策。假如找到了类似的历史事件且触发了该雇员的离职行为，则该雇员离职意愿（W_2）在 t_1 的定性状态如下：

$$W_2 = QS(f_2, t_1) = <qval, qdir> = <0, 1> = <0, \uparrow>$$

假如该雇员没有找到类似的历史事件，那么该雇员可能不会触发其离职行为，可能会选择继续留下来，也可能会选择离职。此时离职意愿（W_2）在 t_1 的定性状态如下：

$$W_2 = QS(f_2, t_1) = <qval, qdir> = <0, 1> = <0, \rightarrow>$$

因此，该雇员最终是否会产生离职行为，关键取决于 t_1 时刻做出的决策，而该时刻的决策行为由某种因素（f_1）和历史事件因素（f_2）共同决定。可以得出该雇员离职意愿（W）的定性状态如下：

$$W = M^+(QS(f_1, t_1), QS(f_2, t_2))$$

在这个路径中，雇员离职的决策制定是相当自动化并且场景化驱动的，不涉及映像理论、工作的不满意，也不涉及新工作机会；如有与历史事件因素（f_2）相一致的情况，就会引发雇员离职行为的产生，而且通过 W 的最终定性状态值结果可以反过来推算出 W_1 的定性状态值。

（2）路径 2 的 QSIM 模拟。路径 2 是有震撼、有映像筛查、无前期类似剧本的离职路径，可称为"推式"离职路径，即心理映像从内在推动。

企业雇员正处于正常工作状态，离职意向（W_1）没有明显变化的情况下，在某个时刻 t_0 该雇员受到某震撼事件（f_1）的干扰而给其离职率带来影响，但这种影响的后果却是不明确的，有可能会触发雇员的离职行为，但也可能不会带来雇员的直接离职行为触动。按照前文介绍的 QSIM 定性仿真模型的基本概念，可以得出该雇员离职意愿（W）在 t_0 的定性状态如下：

$W_1 = QS(f_1, t_0) = <qval, qdir> = <0, 1> = <0, \uparrow>$ 或

$W_1 = QS(f_1, t_0) = <qval, qdir> = <0, 0> = <0, \rightarrow>$ 或

$W_1 = QS(f_1, t_0) = <qval, qdir> = <0, -1> = <0, \downarrow>$

在 t_0 时刻，该雇员会对某种因素（f_1）进行映像的筛查，即将当前的工作情况与工作预期，和价值映像、轨道映像、策略映像进行比较检验，如果通过检验，雇员还会留在单位；如果未通过检验，雇员就选择离职。而且路径 2 的决策结果能够成为路径 1 的雇员在 t_1 时刻做出离职决策的依据。

（3）路径 3 的 QSIM 模拟。路径 3 是有震撼、有寻找工作机会、无历史电影剧本的离职路径，可以称为"拉式"路径，即新工作从外部拉动雇员离职。企业雇员正处于正常工作状态，离职意向（W_1）没有明显变化的情况下，在某个时刻 t_0 该雇员受到某震撼事件（f_1）的干扰而给其离职率带来影响，但这种影响的后果是雇员将目前工作情况和自己的映像进行匹配，发现不兼容，于是便搜索新的工作机会。

该雇员离职意愿（W）在 t_0 的定性状态如下：

$W_1 = QS(f_1, t_0) = <qval, qdir> = <0, 1> = <0, \uparrow>$

或 $W_1 = QS(f_1, t_0) = <qval, qdir> = <0, 0> = <0, \rightarrow>$

或 $W_1 = QS(f_1, t_0) = <qval, qdir> = <0, -1> = <0, \downarrow>$

在 t_1 时刻，该雇员找到了新的工作机会（f_2），并且会在 t_1 时刻做出离职决策。离职决策的依据是该雇员会通过"相容性检验"后，和现有的工作机会进行"利益性检验"，也就是利益最大化检验。最后，如果工作机会通过了相容性检验和利益最大化检验，该雇员将选择离职。

假如找到了新的工作机会且通过了利益最大化检验，就会直接触发该雇员的离职行为，则该雇员离职意愿（W_2）在 t_1 的定性状态如下：

$W_2 = QS(f_2, t_1) = <qval, qdir> = <0, 1> = <0, \uparrow>$

因此，该雇员最终是否会产生离职行为，关键取决于 t_1 时刻做出的决策，而该时刻的决策行为由某种因素（f_1）和新的工作机会（f_2）共同决定。可以得出该雇员离职意愿（W）的定性状态如下：

$W = M^+(QS(f_1, t_1), QS(f_2, t_2)) = <0, \uparrow>$

雇员离职意愿（W）的定性值为 inc，即最终的结果将会是该雇员选择离职并直接触发离职行为。

假如该雇员找到了新的工作机会但未能通过利益最大化检验，则该雇员不会触发离职行为，该雇员离职意愿（W_2）在 t_1 的定性状态如下：

$W_2 = QS(f_2, t_1) = <qval, qdir> = <0, 0> = <0, \rightarrow>$

可以得出该雇员离职意愿（W）的定性状态如下：

$W = M^-(QS(f_1, t_1), QS(f_2, t_2)) = <0, \rightarrow>$

雇员离职意愿（W）的定性值为 std，即最终的结果会是保持现有工作状态，而不会触发离职行为。

（4）路径 4 的 QSIM 模拟。路径 4 是没有震撼而以电影剧本唤醒式离职的路径。企业雇员一般会定期或不定期地对自己的工作情况对应自己的价值映像、轨道映像、策略映像进行检验。如果通过检验，则不会产生离职想法；如果未通过检验，就会根据 Mobley 中介联系模型做出是否离职的决策。主要有四种因素会对雇员的离职决策过程产生影响，即工作满意度（f_1）、组织内其他工作的期望效用（f_2）、组织外其他工作的期望效用（f_3）以及非工作价值和角色需要（f_4）。

假定在某个时刻 t_0，雇员离职定性状态的表达式如下：

$W_1 = QS(f_1, t_0) = <qval, qdir>$

$W_2 = QS(f_2, t_0) = <qval, qdir>$

$W_3 = QS(f_3, t_0) = <qval, qdir>$

$W_4 = QS(f_4, t_0) = <qval, qdir>$

$W = ADD(w_1, w_2, w_3, w_4)$

即在该时刻（t_0）雇员离职定性状态值的最终结果取决于上述四个因

素定性状态值的 ADD 计算结果。企业雇员离职决策的制定并非一时冲动的行为，都会经过一定时间段的决策行为才能得到最终结果。在雇员做出离职决策的时间段 $[t_1, t_2]$ 仍有可能会出现新的影响因素，尤其是企业内部的重大信用风险压力会对雇员的离职产生直接的影响。下文将介绍企业重大信用风险压力与雇员离职 QSIM 定性仿真模型的模拟分析。

2. 企业重大信用风险压力与雇员离职 QSIM 定性仿真模型模拟

本部分将基于前文介绍的 QSIM 定性仿真模型基础和相应的原则，按照企业重大信用风险压力与雇员离职 QSIM 定性仿真模型的具体模拟步骤，研究多个时间点（t_0、t_1、t_2）以及不同的时间区间 $[t_0, t_1]$ 和 $[t_1, t_2]$ 两种不同情景下的定性模拟推理过程。

（1）$t = t_0$。

首先，设置初始时刻为 t_0，根据图 3-3 可以得出在初始时刻，企业雇员离职意愿定性状态变化推理结果如下：

$$W_0 = QS(f_0, t_0) = <qval, qdir> = <0, 1> = <0, \uparrow> 或$$

$$W_0 = QS(f_0, t_0) = <qval, qdir> = <0, 0> = <0, \rightarrow> 或$$

$$W_0 = QS(f_0, t_0) = <qval, qdir> = <0, -1> = <0, \downarrow>$$

这里定义 W_0 表示企业雇员在初始时刻 t_0 的离职意愿定性状态值，当企业还没有发生任何重大信用风险或还未有发生任何重大信用风险的征兆时，雇员离职意愿的定性状态不具有任何的定性状态变化规律，即雇员离职意愿不受企业重大信用风险的影响和制约，而是由雇员自身的因素决定的，因此这个时候会有三类不同的定性状态变化值——a、b、c，与图 3-1 所示相符。

（2）$t = [t_0, t_1]$。

这里定义企业重大信用风险发生的时间段为 $[t_0, t_1]$，其中 t_1 为企业第一类重大信用风险发生的时刻，$[t_0, t_1]$ 为企业第一类重大信用风险发生的整个过程，因此这是属于时间点向时间区间的转移，属于 P 转换。根据表 3-1，可以得到雇员离职定性状态变量的后继状态为：

$$W_1 = QS(f_1, [t_0, t_1]) = <qval, qdir> = <1, 1> = <1, \uparrow>$$

这里定义 W_1 表示企业雇员在时间段 $[t_0, t_1]$ 内离职意愿的定性状态值，企业从 t_0 时刻开始已经呈现出重大信用风险发生的征兆，企业内部雇员在感知企业重大信用风险发生时会触动其心理上的离职意愿的定性变化，结合雇员的特点，在该时间段其离职意愿较强烈，且呈现出上升趋势（↑）。结合前文分析可以得出，企业雇员从 t_0 时刻到 t_1 时刻的定性状态值和定性状态变化方向的三种可能情况如图 3-5 所示。通过 W_1 的定性状态值及定性状态变化方向可以判断出 W_0 的值应该是第一种——a，即

$$W_0 = QS(f_0, t_0) = <qval, qdir> = <0, 1> = <0, ↑>$$

其他两种可能的定性状态值和定性状态变化方向 b 与 c 可以排除。

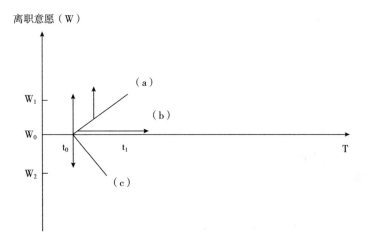

图 3-5 初始状态 $[t_0, t_1]$ 时间区间企业重大信用风险压力与雇员离职关系定性描述

（3） $t = t_1$。

此处，定义企业第一类重大信用风险发生的时刻为 t_1，属于时间区间向时间点的转移，因此属于 I 转换。根据表 3-1，可以得到雇员离职定性状态变量的后继状态为：

$$W_2 = QS(f_1, t_1) = <qval, qdir> = <1, 1> = <1, ↑> 或$$

$$W_2 = QS(f_1, t_1) = <qval, qdir> = <1, 0> = <1, →>$$

这里定义 W_2 表示企业雇员在初始时刻 t_1 的离职意愿定性状态值，当企业已经发生了重大信用风险时，雇员离职意愿可能会呈现出增强的定性状态变化方向（↑），或处于犹豫的状态，即保持不变（→）。如图 3-6 所示，雇员离职意愿会有 a 和 b 两种可能存在的形式。

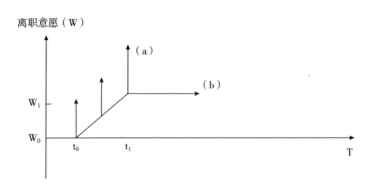

图 3-6　[t_0，t_1] 时间区间企业重大信用风险压力与雇员离职关系定性描述

（4）$t=$ [t_1，t_2]。

在这里，定义时间区间 [t_1，t_2] 存在两种不同的情景：第一种情景是企业在发生了第一类重大信用风险后采取积极有效的针对性措施，及时处理了第一类重大信用风险或有效地降低了第一类重大信用风险对雇员离职意愿的影响效果；第二种情景是企业没能及时妥善地处理好第一类重大信用风险，从而导致企业的信用继续恶化而出现了第二类重大信用风险。下面针对两种不同的情景分别进行定性建模分析。

第一种情景：

我们假设企业在面对第一类重大信用风险后，及时采取了积极有效的针对性措施，并明显降低了第一类重大信用风险对雇员离职意愿的影响，由于这里研究的时间区间 [t_1，t_2] 是企业采取针对性措施的整个过程，因此属于时间点向时间区间的转移，也属于 P 转换。根据表 3-1 给出的定性状态转移规则，可以得到雇员离职定性状态变量的后继状态为：

$W_3 = QS(f_1, [t_1, t_2]) = <qval, qdir> = <0, -1> = <0, \downarrow>$

即雇员会因为企业及时、有效地处理了第一类重大信用风险，从而显著降低了雇员的离职意愿。如图 3-7 所示，在时间区间 $[t_1, t_2]$ 雇员的离职意愿定性状态变化方向是下降的。

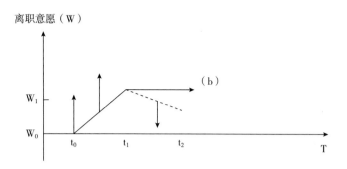

图 3-7　$[t_1, t_2]$ 时间区间企业重大信用风险压力与雇员离职关系定性描述

结合前文分析可以得出企业雇员从 t_1 到 t_2 时刻的定性状态值和定性状态变化方向的两种可能情况如图 3-7 所示。通过 W_3 的定性状态值及定性状态变化方向可以判断出 W_2 的值应该是第二种——b，a 可以排除，即：

$W_2 = QS(f_0, t_0) = <qval, qdir> = <1, 0> = <1, \rightarrow>$

第一种情景指的是企业采取措施，及时、有效地处理了风险。但这是 QSIM 定性仿真模型的通用规则下的一种变化。然而，实际上，由于本书研究的是重大信用风险，所谓重大信用风险，是指企业未来将出现严重坏账而被金融机构连续诉讼，并且为简单起见，将前述的 12 种风险均作为企业爆发风险的主因。在这种假设前提下，本情景实际上存在的可能性很小。因为，如果企业及时、有效地处理了风险，实际上就不存在重大信用风险了，不属于本书研究聚焦的对象。

第二种情景：

我们假设企业在面对第一类重大信用风险后，未能及时采取积极有效的针对性措施，因此无法降低第一类重大信用风险对雇员离职意愿的影响，并引发了第二类重大信用风险。由于这里研究的时间区间 $[t_1, t_2]$ 是企业采取针对性措施的整个过程，因此属于时间点向时间区间的转移，也属于 P 转换。根据表 3-1，可以得到雇员离职定性状态变量的后继状态为：

$$W_3 = QS(f_1, [t_1, t_2]) = <qval, qdir> = <1, 1> = <1, \uparrow>$$

$$W_4 = QS(f_2, [t_1, t_2]) = <qval, qdir> = <1, 1> = <1, \uparrow>$$

结合 QSIM 模型的设计原则，相同的定性状态可以进行合并，因此可以得到：

$$W_{3,4} = QS(f_1, f_2, [t_1, t_2]) = <qval, qdir> = <1^*, 1^*> = <1^*, \uparrow^*>$$

$W_{3,4}$ 中的定性状态值和定性状态变化方向的表达方式意味着其强度比单个企业重大信用风险带来的影响效果更强，雇员的离职意愿也会显著增强（例如，可以定义 qval 的值为 3，qdir 的值为 5），从而会造成雇员离职现象更为普遍。如图 3-8 所示，在时间区间 $[t_1, t_2]$ 雇员的离职意愿定性状态变化方向显著上升。

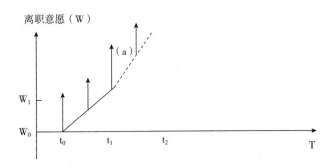

图 3-8 $[t_1, t_2]$ 时间区间企业重大信用风险压力与雇员离职关系定性描述

结合前文分析可以得出企业雇员从 t_1 到 t_2 时刻的定性状态值和定性状态变化方向的两种可能情况如图 3-8 所示。通过 $W_{3,4}$ 的定性状态值及定性状态变化方向可以判断出 W_2 的值应该是第一种——a，b 可以排除，即：

$$W_2 = QS(f_1, t_1) = <qval, qdir> = <1, 1> = <1, \uparrow>$$

（5）$t = t_2$。

基于上文的分析，在 t_2 时刻存在两种不同的情景，第一种情景是企业及时解决了第一类重大信用风险，因此在 t_2 时刻雇员不会受到第一类重大信用风险的影响。由于这是时间区间向时间点的转移，因此属于 I 转换。根据表 3-1，可以得到雇员离职定性状态变量的后继状态为：

$W_5 = QS(f_1, t_2) = \langle qval, qdir \rangle = \langle 1, 0 \rangle = \langle 1, \rightarrow \rangle$ 或

$W_5 = QS(f_1, t_2) = \langle qval, qdir \rangle = \langle 1, -1 \rangle = \langle 1, \downarrow \rangle$

如图 3-8 所示，雇员离职意愿的定性变化方向不断下降且朝着初始状态恢复，但这个过程可能较长；也可能雇员的离职意愿是保持不变的状态。

第二种情景是企业未能及时解决第一类重大信用风险并引发了第二类企业重大信用风险，因此在 t_2 时刻企业雇员会受到两种类型的企业重大信用风险影响。由于这是时间区间向时间点的转移，因此属于 I 转换。根据表 3-1，可以得到雇员离职定性状态变量的后继状态为：

$W_5 = QS(f_1, f_2, t_2) = \langle qval, qdir \rangle = \langle 1, 1 \rangle = \langle 1, \uparrow \rangle$ 或

$W_5 = QS(f_1, f_2, t_2) = \langle qval, qdir \rangle = \langle 1, 0 \rangle = \langle 1, \rightarrow \rangle$

如图 3-8 所示，雇员离职意愿的定性变化方向是不断上升的，且上升的趋势比上一阶段明显更为强烈；同时，公式显示的另一种可能性是，雇员在该时刻处于犹豫的阶段，其离职意愿可能会保持不变，等待下一阶段企业经营出现变化而定。

3. QSIM 离职压力模型对 12 种明细风险所推导的压力结果

现将上述的 QSIM 离职压力模型应用于本章推导的 12 种重大信用风险类别，可以总结得到下面的结果：

（1）经营恶化无法还贷的风险。企业对于本类风险一般会采取办法全力扭转，但终因经营不断恶化而出现财务危机，无法归还贷款，导致被金融机构连续诉讼。根据前述的 QSIM 离职压力模型的推导，此时企业处于 QSIM 离职压力模型的 $t = [t_1, t_2]$，面临 P 转换的时间窗口，除非迅速采取措施，使得 QSIM 压力模型达到 $t = t_1$，$W_3 = QS(f_1, [t_1, t_2]) = \langle qval,$

qdir>=<0，−1>=<0，↓>的场景效果，从而使得经营恶化带来的信用风险下降，否则将不得不进入 QSIM 的 t=[t$_1$，t$_2$] 环节 P 转换第二种情景，即根据前述的 QSIM 场景推导所得到雇员离职定性状态变量的两种后继状态均为 W$_3$=QS(f$_1$，[t$_1$，t$_2$])=<1，↑>，依据 QSIM 离职压力模型的同类定性状态可合并原则，能得到 W 的二元向量如下：

W=QS(f$_1$，f$_2$，[t$_1$，t$_2$])=<qval，qdir>=<1*，1*>=<1*，↑*>

上述 W 中的定性状态值和定性状态变化方向的表达方式意味着其强度比单个企业重大信用风险带来的影响效果更强，即雇员的离职意愿定性状态变化方向在企业经营风险恶化期间开始显著上升。

（2）下游欠款过多而导致无力还贷的风险。在企业的重大危机中，资金问题是一个最快且最立竿见影的风险，当资金出现危机而且构成企业重大信用风险时，意味着下游欠款已经成为企业的致命威胁。这种情况下，较多案例显示，无论下游欠款累积的时间长或短，当形成为重大信用风险后，企业便会陷入十分被动的境地。即上述 QSIM 建模中所指第二种情景中的企业，QSIM 离职压力模型显示风险对离职的压力的定性状态值和定性状态变化方向都展现了持续性增强，雇员的离职意愿显著增强。

（3）过度融资导致后期紧缩的风险。企业在过度融资之后，所面临的紧缩往往会以比较快的速度来到，其原因很多，有可能是金融机构催贷，也有可能是过度融资用于生产经营后，大幅扩张的企业体量需要消耗更加庞大的资金，而一旦不能融到更多的资金，企业自身的庞大体量就会把自身压垮。这种较快速度的收缩，会使得企业处于 QSIM 离职压力模型 I 转换的状态，即从时间区间向时点的快速靠近，这种 I 转换往往意味着快速和剧烈的转变，基于震撼模型的理念，在这种剧烈动荡的压力中，雇员比缓慢的渐进式风险状态下更易于产生"震撼事件"，从而沿着震撼模型的路径 1、路径 2、路径 3 与路径 4 做出离职决策，这必然导致雇员群体离职的显著增加。

（4）贷款未正常使用的风险。企业若未正常使用贷款，一般指未按信贷合同要求的用途使用贷款，而用于归还欠账、投入新项目或者用于企业发工资或个人消费，这种情况实际在信贷企业中并不罕见，但是，如果这种情况成为企业重大信贷风险的主因，几乎唯一的可能是企业借入较大额度的贷款，却无力归还，导致金融机构发起诉讼，造成企业重大危机。在 QSIM 离职压力模型中，这种离职情况和上述的"过度融资导致后期紧缩"比较类似，但导致的后果严重程度要略轻。因为过度融资导致后期紧缩是一个比较快而猛烈的风险，这从 QSIM 离职压力模型的仿真中可以看出，而未正常使用贷款则包含很多情形，未必都是快而猛烈的风险形式。

（5）司法、担保或者查封的风险。当企业面临司法、担保或者查封风险时，这种风险比较明显，因为司法机关处置的力度和公开性比较大，企业掩盖信息的难度比较大。由于风险会比较大和比较快地对企业与雇员产生震荡，因此在企业的 QSIM 定性仿真模型的时间横轴上的表现是 t_0、t_1、t_2、t_3 这样的时间节点较少，原因是震荡周期比其他风险更快更短。

（6）企业主观不还贷款的风险。企业主观上不愿归还贷款往往意味着将出现一个比较漫长的 QSIM 时间横轴，QSIM 时间横轴上用于处理各种风险的时间节点 t_0、t_1、t_2、t_3 也会比较多，企业的风险在 QSIM 横轴上不断积累，但大多不是前述的 QSIM 第一种场景，即解除风险的场景，而大多是未能解除风险的场景，从而导致企业在 QSIM 横轴上历经 t_1、t_2、t_3 等时间节点所累积的风险越来越多、越来越大，最终导致企业的重大风险爆发。由于连续未解除风险，而带来的雇员离职意愿累积情景即类似于以下公式的描述：

$$W = QS(f_1, f_2, t_2) = <qval, qdir> = <1, 1> = <1, \uparrow>$$

上述公式意味着在多次未解除风险场景后，企业风险逐渐加大，雇员的离职意愿显著上升。当然，本类风险更多呈现日渐累积性，而不会如司法风险那样快而短地爆发。主要原因是企业主观意愿虽然不归还贷款，但企业的决策是一种偏理性决策，并非类似个体决策存在较大的非理性因素，所以企业对于贷款合同违约给企业带来的后果有一定的认识。当 QSIM 时间横轴上累积的风险达到重大风险的程度时，本质上实际是企业已经对欠贷风险失去了控制能力，从而导致严重危机。

（7）企业还款意识淡薄的风险。同上。

（8）企业家将贷款用于消费挥霍的风险。同上。

（9）财务流动性的风险。因财务流动性危机而产生重大信用风险的企业，有一部分甚至还是经营正常甚至实力强大的，但这些企业因为在资金方面丧失了流动性而濒临破产。在 QSIM 离职压力模型中，这是一个由区间到时间点的 I 转换过程，风险十分短促而迅速地来到。

由于企业在解决流动性危机后，一般而言，有相当一部分企业仍然是正常运营或者有良好实力，因此，如果企业在风险隐含期的处理中，较好地解决了流动性风险，那么，根据前述的 QSIM 离职压力模型的推导，雇员离职意愿将呈现为 W = QS(f_1 , [t_1 , t_2]) = <qval, qdir> = <0, -1> = <0, ↓>，即离职意愿的强度下降，离职意愿的方向趋向于留下；而如果企业在风险隐含期没有解决好流动性风险，雇员离职意愿将呈现为 W = <qval, qdir> = <1^* , 1^* > = <1^* , $↑^*$ >，即离职意愿在强度和方向上均显著增加。

（10）贷款欺诈的风险。企业如果因为贷款欺诈而出现重大信用风险，也是一种比较快速而猛烈的风险。当贷款欺诈演变成为企业重大信用风险时，绝大多数案例都会涉及刑事问题，即有司法部门和诉讼程序介入。这种情况下，本类风险和"司法、担保或者查封"的风险类别下的 QSIM 离职压力模型分析结果比较类似，即由于风险会比较大和比较快地对企业与雇员产生震荡，因此在企业的 QSIM 定性仿真模型的时间横轴上的表现是 t_0 、t_1 、t_2 、t_3 的时间节点较少，原因是震荡周期比其他风险更快更短。

（11）宏观环境变化的风险。企业因宏观环境变化而导致出现重大信用风险，往往是因为在前期经营中积累了若干问题与风险，在宏观环境变化后，这些问题与风险开始产生负面影响，在随后的风险隐含期中，企业没能采取有效措施化解这些问题与风险，从而使得这些风险累积并爆发了。此时的雇员离职意愿从 QSIM 离职压力模型解析可以是 W = QS(f_1 , f_2 , t_2) = <qval, qdir> = <1, 1> = <1, ↑>或 W = QS(f_1 , f_2 , t_2) = <qval, qdir> = <1, 0> = <1, →>，即雇员离职意愿的定性变化方向是不断上升的，且上升的趋势比上一阶段更强烈；同时也可能雇员在该时刻处于犹豫的阶段，其离职意愿可能会保持不变，等待下一阶段企业经营的变化而定。但既然 12 种明细风险分类均代表企业重大信用风险，那么，"雇员离职意愿可能会保持不变"的可能性较小。

（12）产业政策变动的风险。同上。

（五）QSIM 离职压力模型的总结

通过上文基于 QSIM 定性仿真模型所做的企业重大信用风险对企业雇员的离职压力的模拟与分析，可以得到如下结论：

第一，从 QSIM 离职压力模型以及压力传导机制的研究中可以看到，雇员在企业隐含重大信用风险的时间内，会受到重大风险所传导的内部压力，触发离职的意愿。对于企业而言，应在企业内部形成和酝酿重大信用风险时，通过多种手段缓释企业重大信用风险对雇员群体所传导的压力。如果企业在离职意愿发生定性状态变化的过程中没有采取积极的安抚措施，那么雇员很有可能就会选择离职；如果在雇员离职意愿定性状态变化的初期，企业对于整个风险传导机制采取风险缓释措施，例如推出赫茨伯格所建议的包括人性化管理措施、人际关系平滑化、改善物质工作条件、加强基础福利等措施在内的保健因素，以及提升影响雇员价值感的激励因素，会对雇员的离职率带来直接、显著的下降。即使初期雇员离职意愿的 QSIM 定性仿真模型定性状态值 qval 为 5，在重大信用风险的早期通过对压力传导机制采用风险缓释措施进行外部干预后，也能够降低其定性方向值，即 qdir 可以从 2 降为 1 甚至 0（-1 或 -2），从而对雇员的离职意愿的增加趋势产生显著性的延缓和降低。

第二，企业在形成重大信用风险后，如果不采取积极有效的措施可能会诱发新的重大信用风险，而多个重大信用风险所带来的影响必然比单个信用风险要大得多。这种定性状态值和定性状态变化方向的叠加效应十分显著，从而加大了雇员离职的可能性。

第三，通过上文的分析可以看出，企业雇员在某个时刻的离职意愿定性状态值可能会有多种情形，即 behavior = $\{$state(t_0), state(t_1), $\cdots$, state

(t_n)值具有多样性，而利用 P 转换原则和 I 转换原则能够结合不同的情景对多样性的定性状态值做合理的筛选，从而除掉明显不可能发生的情形，降低定性模拟的复杂性和不确定性。

第四，上文介绍的基于 QSIM 定性仿真模型模拟企业雇员离职行为并非针对单个的雇员，该模型能够适用于企业内部所有的雇员，因此企业发生重大信用风险，也必然会影响到所有的雇员群体，从而大幅增加企业风险压力下的雇员群体离职趋势。

（六）QSIM 离职压力模型的验证

基于前文的建模与分析，本节利用 Matlab 软件对 QSIM 定性仿真模型进行模拟方法验证，笔者收集了 318 家样本企业，这些样本企业均具有较为全面的雇员离职数据和企业风险发生数据。这里将企业定义为两种类型：第一种类型是"好企业"，即未发生过重大信用风险的企业；第二种类型是"坏企业"，即在观测年爆发了连续诉讼等重大信用风险的企业。这 318 家企业均属于科技型中小企业，分布在经济发达地区如北京、江苏、浙江等地，因此从研究视角看具有共性特征。通过对数据进行相应规则的筛选（例如，某个年份雇员数量、离职雇员数量等数据）后得到了 230 条企业的完整数据，每条为一家企业的数据，其中"好企业"的数据共 126 条，"坏企业"的数据共 94 条。

模拟的输入变量分为两大类：第一类是雇员的离职意愿及与之相关的企业重大信用风险的初始值，统称为初始状态；第二类是影响到企业雇员离职意愿定性状态值和定性状态变化方向的企业重大信用风险发生情况，即雇员离职意愿影响因素。由于能够收集到企业重大信用风险发生的具体类型（前文所述的细分风险类型）以及发生的时间、风险发生的强度、风险发生后企业采取的措施等各类数据难度非常大，无论是上市企业还是中小规模、国有企业等都极少对外真实披露其遇到的各类重大信用风险数据，因此本书输入的企业重大信用风险数据无法给出具体的风险类型，同时仅能输入一次企业重大信用风险变量。现设定 QSIM 压力仿真模型的模拟情景共 5 种，具体如下：

第一种情景是：企业雇员离职意愿处于正常水平，没有受到企业重大信用风险的影响或企业此时没有发生重大信用风险的趋势。离职意愿的初始值为上述 577 家企业雇员离职意愿每一年的平均值，雇员因为企业发生重大信用风险的离职意愿：W = QS(f, t) = <qval, qdir> = <1, 1> = <1, ↑>。这里定义雇员的离职意愿定性强度值为"1"，离职意愿处于定性上升方向。模拟的输出变量为雇员在受到 qval = 1 的企业重大信用风险影响后的离职率数据。

余下 4 种模拟情景与第一种情景一致，只是雇员因为企业发生重大信用风险的离职意愿分别为从 2 到 5 的不同强弱刻度，即 W = QS(f, t) = <qval, qdir> = <2, 1> = <2, ↑>；W = QS(f, t) = <qval, qdir> = <3, 1> = <3, ↑>；W = QS(f, t) = <qval, qdir> = <4, 1> = <4, ↑>；W = QS(f, t) = <qval, qdir> = <5, 1> = <5, ↑>，其中，1 是最弱刻度，5 是最强刻度。

整个模拟过程分为五个不同年份的平均离职率数据，设定模拟的次数为 1000 次，模拟共分为 5 个阶段，即每个年份为一个模拟的阶段。

上述五种情景的模拟结果如表 3-2 所示，表中的第一年指的是观测年的前一年，其中，观测年是 2016 年，则第一年是 2015 年，第二年是 2014 年，以此类推，第五年即为 2011 年；观测年即为企业爆发重大信用风险的年份，例如，一家坏企业的观测年为 2016 年，即意味着该企业爆发重大信用风险的年份为 2016 年。关于观测年的定义，可详见本书第一章第三节"研究对象与方法"。

表 3-2　情景 1~情景 5 下好企业雇员的离职率统计结果与坏企业对比

不同强度等级的重大信用风险下的企业情景编号	第一年（%）	第二年（%）	第三年（%）	第四年（%）	第五年（%）
好企业情景 1	15.15	13.17	12.66	11.52	11.87
好企业情景 2	16.28	14.82	13.31	13.62	12.45

不同强度等级的重大信用风险下的企业情景编号	第一年（%）	第二年（%）	第三年（%）	第四年（%）	第五年（%）
好企业情景 3	19.34	18.66	15.49	14.59	13.67
好企业情景 4	22.08	19.75	16.83	16.22	15.21
好企业情景 5	23.87	21.13	18.21	17.08	16.12
坏企业	21.58	16.67	12.11	11.01	10.97

在模拟过程中，采用了 QSIM 定性仿真模型思想，用多次模拟克服了一次模拟的局限，使模拟结果更符合实际情况。通过比较上面的模拟结果和坏企业真实的离职率数据可得出如下结论：

（1）如果好企业爆发重大信用风险，在风险爆发之前的若干年内企业雇员会开始产生明显的离职倾向，而且是越接近风险爆发的年份，随着风险的重大程度的提高，雇员离职率会升高。如表 3-2 所示，从好企业五种模拟情景和坏企业的数据都可看出，随着风险从 1 到 5 的提高，雇员几乎每年同比的离职率都在上升，同时，从第五年至第一年，企业雇员离职率逐步增加。这与图 3-6 所示的 $[t_0, t_1]$ 时间区间企业重大信用风险压力与雇员离职关系定性描述相一致，在图 3-5 中介绍的是企业发生重大信用风险时间点为 t_1，则 $[t_0, t_1]$ 时间区间为企业发生重大信用风险的观测阶段和前期。对于企业内部的雇员而言，对企业的经营现状与重大风险应该有可能感知到，所以在企业还未对外披露发生重大信用风险或经营困境前，企业内部的雇员会有所察觉，会影响到这些雇员的离职意愿；并且雇员离职意愿会随着风险爆发的临近而越发强烈。

（2）上文假设好企业雇员在企业发生重大信用风险时离职意愿的变化，通过模拟结果可以看出，即使是好企业雇员在觉察企业发生重大信用风险时都会加大其离职意愿，表 3-2 所模拟的五种情景中，第一年的离职率最低也近 20%，最高超过了 23%。由此可见，企业雇员离职现象并非个体现象而是会出现群体离职，而且样本数据统计显示，部分规模大的企业离职人数超过了 100 多人，通过模拟结果可以得出，在每个情景下企业雇员离职人数都呈现出了显著的增长。

（3）从表 3-2 的模拟结果与实际数据对比分析可以看出，情景 3 的模拟结果与样本数据中"坏企业"的雇员离职率较为匹配，即将好企业的重大信用风险对雇员离职意愿的定性影响值设定为 4 时，得到的雇员离职率从正常水平向风险影响下水平的变化情况与实际结果匹配度最高。因此，对于科技型企业来说，当企业隐含重大信用风险时进行 QSIM 建模可以在初期设置其 qval 值为 "4"，并在此基础上推理出雇员离职意愿的变化情况。通过模拟数据可以观察企业在发生重大信用风险观测年的前五年内雇员离职行为整体动态，从而能够为科技型企业提供一定的参考价值，及时降低雇员人力成本的损失，为企业创造更大的效益。除了距离观测年最近的一年，企业雇员离职率会因为企业重大风险而出现较大的变动外，距离风险发生观测年越远，企业雇员离职率的水平并未出现显著的增长变化。如表 3-2 所示，坏企业第二年雇员离职率水平只是与情景 2 的模拟结果较为接近，此时 qval＝2；当坏企业雇员离职率年份离观测年越远，其与好企业雇员离职率水平越为接近，此时 qval＝1。由此可见，好企业与坏企业在没有重大信用风险发生时，其雇员的离职率水平是较为接近的，只有当企业的经营出现困境或者面临重大信用风险时，企业雇员的离职率水平才会出现显著的增长，这也与上文介绍的内容较为吻合，即企业雇员离职率在发生定性变化时，都会经过一个较为平稳的阶段。

（4）通过对好企业进行五次不同情景的重大信用风险模拟以及与坏企业的真实数据对比分析发现，当科技型创业类企业雇员在最近几年的离职率有显著攀升趋势时，该企业有发生重大信用风险的可能性，尤其是企业雇员的离职率在接近或超过 20% 的水平时，需要引起企业的足够重视才能避免雇员的集体离职发生。

（5）上述模拟过程的不足之处在于企业重大信用风险发生的实际数据有限，模拟只是假设了好企业会发生一种信用风险，并将发生一次信用风险的"坏企业"雇员离职率情况与模拟数据进行了对比分析。但通常情下，企业在发生了一次重大信用风险后可能会接连发生新的信用风险，也可能会逼迫该企业做出及时调整并改善企业的经营情况、缓解重大信用风险的影响。但这些情况在本节的模拟情景中并未得到体现。如果有更多、更全面的企业重大信用风险数据，可以将上述的模拟过程和模拟情景进一步划分为更多的阶段进行模拟，如前文介绍的基于 QSIM 定性仿真模型的雇员离职行为定性模拟，可以根据风险发生的不同时间段和风险发生的类型进行模拟分析，从而得出企业在发生不同类型的重大信用风险情况下，其雇员离职意愿和离职率变化结果；同时，也可以得出企业在发生重大信用风险后采取的积极措施所能取得的效果，而且所采取不同力度、不同类型的风险解决措施都能得出不同的效果。因此，如果能模拟分析出多个不同企业重大信用风险对雇员离职意愿的影响结果，将更符合实际的企业经营情况和雇员离职意愿的变化。

四、本章小结

本章首先介绍企业重大信用风险的分类，研究企业信用风险的主要成因，然后从 5 种主要风险类别中划分出企业的 12 种明细风险类别，再通过 QSIM 定性仿真模型对企业经营的风险压力进行定性识别和分析，以判断这些风险压力对企业雇员离职产生的影响结果。本章对不同的风险压力场景以及震撼模型的离职路径所承受的压力均进行了模拟，并对 12 种明细风险类别模拟得出了雇员受到离职压力后的离职反应结果，最后通过实际的数据对 QSIM 离职压力仿真模型进行了验证。

第四章

雇员群体离职对企业重大风险
预警信号的推导及假设

一、研究风险压力传导机制的必要性

前文通过 QSIM 建模，就企业风险对雇员产生压力从而导致离职的过程进行了仿真模拟。可以看到，当企业存在重大信用风险时，由于隐含的重大信用风险在不断地损害企业的良性运营、侵蚀企业的自身实力，从而导致企业的对内经营能力和对外竞争能力不断地降低，因此会对企业雇员产生压力，导致企业雇员出现群体性离职。

同时，需要注意到，企业存在重大信用风险时的雇员群体离职，既不同于企业没有重大信用风险时的雇员流动，又不同于企业爆发重大信用风险后的雇员流动。企业没有重大信用风险时的雇员流动特征和该企业以往正常经营时类似，或者和同行业中其他正常经营的企业类似；而企业爆发重大信用风险后，企业濒临破产，雇员集体离职，此时几乎并不需要预警，原因是当企业的重大信用风险爆发后，其重大信用风险已经公开化和表面化了。

本书的研究主题是通过群体性离职现象预警企业的重大风险，该主题除了研究具有重大风险的企业是否会出现群体性离职外，还需要研究在雇员的群体离职现象中，有哪些信号可以预警该企业实际上是否着重大信用风险。这样才能实现本书的研究主题，即观察群体离职现象从而预警企业重大风险。而研究预警信号，需要深入分析风险企业导致雇员群体离职的内在机理与逻辑，即企业风险如何导致群体离职。

因此，第三章解决的是"企业重大风险是否会导致群体离职"的问题，本章将解决"企业重大风险如何导致群体离职"的问题。

解决"企业重大风险如何导致群体离职"的问题，需要推导风险企业中的雇员离职的决策过程，也就是研究具有重大信用风险的企业如何将压力传导给雇员，导致雇员产生离职的心理决策，进而演化为实际的离职行为。本书继续沿用第三章的 QSIM 离职压力仿真模型的研究成果，同时依托震撼模型、映像理论和嵌入理论，结合信用风险管理理论与信贷风控实务经验，对"企业重大风险如何导致群体离职"开展研究，推导出各类风险下的群体离职特征，从而形成风险预警信号的理论假设。

二、企业风险导致群体离职的压力传导
机制研究及理论假设

前文已经将企业出现的重大信用风险从成因的角度分为 5 类，然后从这 5 类风险出发，细分为 12 种明细的风险类别。下面本书对 12 种企业重大信用风险类别进行研究，以震撼模型、嵌入理论、映像理论为基础，判断在每种风险类别下，会对雇员产生什么样的压力，从而产生何种离职趋势。需要注意的是，这里讨论的企业对象是发生重大信用风险的企业，所以，上述 12 种企业风险都是企业发生重大风险的主因。

同时，为了从微观层面解析离职雇员的个体思想与行为变化，更直观地以点带面式地展现离职雇员从入职一家企业到在企业重大风险所衍生的压力下选择离职的轨迹，本书选择了 4 家发生重大信用（信贷）风险的企业的离职雇员，每家企业选择一名雇员，有高管也有普通职工，详细访谈了其从入职到离职的思想、决策、心理与行动的多方面，将 4 个访谈案例放置在对应的 4 种明细风险类别下面，以便能够更清晰地微观剖析重大风险企业的雇员离职过程。

（一）企业经营类

1. 经营恶化，无法还贷

（1）推导本类别下的预警信号。当企业经营恶化无法还贷成为企业信用风险的主要因素时，意味着企业的经营恶化到了相当严重的地步。那么，伴随着这种恶化的过程，企业将出现的情况很可能是：财务恶化；开支趋紧；企业内部人员关系，特别是企业股东层和管理层的关系，以及管理层和一些部门负责人的关系，将趋于紧张甚至恶化；企业的福利性支出将收紧甚至停止；人员裁减将会增加（田中禾、王双林，2004）。从前述的 QSIM 离职压力仿真模型的研究结论看，QSIM 离职压力仿真模型显示该类风险对离职压力的定性状态值和定性状态变化方向都展现了持续性的增强，雇员的离职意愿显著增强。

本书结合前述的震撼模型、映像理论等对雇员离职路径展开分析。

震撼是来源于人们由于外部事件而引发的思考，通过思考而对历史场景、心理映像、外在工作机会进行依次考量，最终形成去或留的决策。如果企业经营恶化是个短期或者次要现象，则"经营恶化"这种情况未必容易带来太多震撼的事由，但如上所述，本书讨论的都是作为企业信用风险主因出现的情况。

于是，在这种情况下，企业的前景必然已经由于企业经营恶化而出现一系列严重问题。从前文中 QSIM 离职压力模型的推导结论可知，此时企业处于 QSIM 定性仿真模型的时间点与路标值转换中，面临 P 转换的时间窗口。假设企业采取了有力的经营扭转行为，使得 QSIM 离职压力仿真模型达到 t＝[t₁，t₂]环节的 P 转换的第一种场景，即 t＝t₁，W₃＝QS(f₁，[t₁，t₂])＝<qval，qdir>＝<0，－1>＝<0，↓>的改善型场景效果，从而使得经营恶化带来的信用风险下降，则 W 将趋缓，但正基于本节所提示的，本书所针对的都是将形成企业重大信用风险的各种明细风险类别，在这个研究前提下，意味着这些明细风险类别在其后并未得到扭转，而是发展成为对企业致命的重大信用风险。于是，QSIM 离职压力仿真模型将不会进入前述的 P 转换第一种情景，而将进入 QSIM 的 t＝[t₁，t₂]环节 P 转换第二种情景，根据前述的 QSIM 场景推导所得到雇员离职定性状态变量在 P 转换第二种情景下的两种后继状态均为 W₃＝QS(f₁，[t₁，t₂])＝<1，↑>，依据 QSIM 离职压力模型的同类定性状态可合并原则，能得到 W 的二元向量如下：

$$W = QS(f_1, f_2, [t_1, t_2]) = <qval, qdir> = <1^*, 1^*> = <1^*, \uparrow^*>$$

本表达式意味着随着企业经营恶化，雇员所承受的离职压力和产生的离职意愿的强弱状态变化方向均是显著上升的。

因此，既然离职压力的定性状态值和定性状态变化方向都展现了持续性的增强，这种压力将很容易地导致在职雇员因为相关衍生的某个事件而产生"震撼"，并进入震撼后的思考过程，即对历史类似场景、本人心理映像、外在工作机会这三个因子进行依次考量（陈霞，2010）。能够引发震撼性思考的事件，既可能是上级领导对该雇员一次包含不满意情绪的某种外在表达，也可能是一次奖金扣罚，甚至可能只是本人在一次单位会议或单位聚会中的不愉快处境，当企业经营恶化导致雇员所承受的离职压力显著上升后，这些大小事件对于较多雇员而言都很容易引发震撼。

从工作选择机会的角度看，学历或者素质较高的雇员，由于选择工作相对较容易，当产生震撼后，他们在工作机会拉动式的离职路径 3 中有更好更多的工作机会，因此易于因路径 3 而离职；同时，也会有一部分人将现有工作和自己的原有心理映像进行对比筛选后，从不需要工作机会的离职路径 2 决定离职。这将导致素质高的在职雇员越来越少，而由于该企业的实力、福利和工资等各方面的下降，招聘进来的新雇员的素质低于之前的雇员，从而使得雇员平均素质逐年下降。因此，本书假设：雇员平均学历或者雇员平均素质、平均年龄出现很大下降是"企业经营恶化已经成为该企业信用风险主因"的一个预警信号。

同时，组织嵌入感会在雇员开展震撼决策的心理和情感历程中产生较多作用。在这里，本书需要分析"企业经营恶化已经成为该企业信用风险主因"的风险类别下，组织嵌入感的作用。当企业经营恶化时，入职较短的职工体验到的是一个恶化的企业环境，一般不容易产生良好的组织嵌入感，在企业经营恶化而出现的震撼下，易于离职；而入职较长的职工曾经在企业经营没有恶化时期在该企业工作，有比新职工更好的组织嵌入感，该组织嵌入感对离职具有一定的反向作用力。当然，如果入职较长的职工也出现较大的离职率的话，应该是一个更强烈的预警标志。因此，本书认为，职工离职率迅速上升会成为"企业经营恶化已经成为该企业信用风险主因"的预警信号；其中，已经具有较长司龄的老职工离职率迅速上升，即企业的司龄水平同比往年迅速下降，是"企业经营恶化已经成为该企业信用风险主因"的一个强烈预警信号。

因此，在"信用风险主因是企业经营恶化"下，来自雇员离职群体的预警信号指标的假设如表4-1所示。

表4-1　理论推导假设与相关指标

司龄类指标	指标 X1：企业在职人数
	指标 X2：企业在职雇员的已工作月份的平均数
	指标 X3：企业在职雇员的已工作月份的总和
年龄类指标	指标 X23：企业在职雇员的平均年龄较上年同比变动率
学历类指标	指标 X24：企业在职雇员的平均学历水平较上年同比变动率
工龄类指标	指标 X25：企业在职雇员的平均工龄较上年同比变动率

（2）本类别下的访谈案例介绍（详见附录）。

Z在硕士毕业后就职于某一线大城市的一家外企，担任技术岗位，经猎头推荐进入一家国企任副总经理。入职之时，Z 的考虑一是能够积累高管经验，二是认为这家企业有国企背景，在行业发展上很有优势。

入职之后，Z 负责产品研发部、法律事务部、行政人事部等多个部门事务，通过设立产品研发标准、实现产品操作规范化以及连续性的业务培训，在短期之内，很大程度上提高了雇员的操作水平和专业能力，从而提高了企业的整体运行质量和运行效率。

但工作两年多之后，Z 发现这个企业在经营上存在比较大的问题。第一是实力很薄弱，做什么事都有求于人，国企的股东领导之前承诺的大宗资源落地等工作基本都没做到，开展工作非常难；第二是国企的董事长对行业基本不懂，属于搞关系型的半官僚，习惯于盲目指挥，特别是性格上还较难相处；第三是企业的总经理的能力层面十分有限，而董事长由于不懂业务，所以一直被企业总经理蒙蔽着，导致企业长期发展不起来；第四是该企业所处的细分行业经历十多年的高峰后，在这两年开始出现中长期转折，正在走入下坡路，Z 已经很清楚地看到了这一点，董事长和总经理却没意识到这个细分行业大方向。这就是当时 Z 离职前的具体环境。

Z 工作的第三年，市政府派出一个检查组来公司做检查。因为董事长是关系型的官员，他特别重视这种上级检查的场合，所以接待得很隆重。不过，在这次宴席上，那个市政府过来的检查组的领导好像不太看重这位董事长，只是表面上客套应付，当时 Z 也感觉出公司董事长属于政府中比较边缘的官员。公司董事长应该也是感觉到了检查组领导的这一点，在宴席上显露出失落感。但是，董事长好像要寻找失落情绪的出口，于是不知为什么把矛头对准了 Z，几次在宴席上对 Z 言语十分不客气，这一点连检查组领导也注意到了。

该次宴席之后，Z 当天很有情绪，反思了这几年在公司的工作情况，觉得自己当时入职该公司是希望个人和公司都有较好的发展，所以尽心尽力地给公司做出贡献。现在公司经营状况每况愈下，连整个细分行业都走入下坡道了，公司日常内部环境也逐渐恶劣，董事长个人从性格上来说也一直是不好相处的，Z 没有理由再陪这种对经理层及雇员都很苛刻的公司一直走下坡路。于是，Z做出了离职的决策，之后不久，Z就借故辞职离开了该企业。

离职后不久，整个细分行业以及这家企业都出现了很大的危机。该细分行业不断陷入萧条，而该企业的雇员离职率迅速上升。两年后因为一直经营不善，国有控股股东退出了该企业，该企业成为一家纯民营企业。最终由于背负了一批银行贷款，却没有足够收入偿还，低价转让给了一家民营公司。

（3）访谈案例分析。从上面这个案例我们可以看到，这个案例是"经营恶化"这个重大风险类别下典型的雇员离职案例。Z抱有一定的期望和心理映像入职企业，进入企业工作两年多以后，经过一次偶然的宴席不愉快事件，触发了自己的震撼性思考，将当前的工作情况与自己的心理映像进行筛选。由于当前的工作情况没能通过自己的轨道映像与策略映像的筛查，于是Z选择了离职，这次离职是没有去主动寻找任何新工作机会下的离职，也就是一次典型的沿着震撼模型路径2的离职决策。

上述是从企业的微观层面分析雇员的离职路径。本书的研究主旨是从银行的观察角度，通过观察企业的雇员群体离职现象，配合财务及征信等其他指标，以判断出企业是否存在重大风险，从而采取撤出贷款或者提前起诉企业等措施，以降低银行贷款风险。因此，基于银行信贷的角度观察，当该企业负责核心部门的副总经理出现离职，而且企业的雇员离职率也处于较高水平，这些都是判断该企业出现重大风险的预警信号。特别是，作为负责核心部门的副总经理，一般属于企业中的少数高管级雇员，这种人才对企业动向具有"先知先觉"性，他们的离职，很有可能是在对企业用"脚"投票。如果银行信贷员通过这些预警信号意识到企业存在的重大经营风险，就能及早采取压缩贷款或保全起诉等方式，使银行贷款避免承担在后期出现的风险。

2. 过度融资导致后期紧缩

本类风险一般是企业在经营扩张期进行过多的贷款融资，在经营困难期遭遇贷款压缩，导致无法还贷，同时企业因此而出现的诉讼迅速增多，导致企业最终难以还贷。

（1）推导本类别下的预警信号。当企业的经营扩张加快时，企业往往会成立新的项目、新的业务条线、新的部门或者新的组织实体，需要招收较多的新雇员。如果扩张后的企业没有实现应有的效益，企业资金方面的压力就会明显加大。同时，企业股东层和领导层对于企业工作人员的问责往往与日俱增。在我国的企业中，较常见的现象是，新雇员群体和老雇员群体在某种程度上有一定的对立关系（周晓艳，2014）。老雇员由于已经结成了利益和关系方面的稳定结构，新雇员的到来，打破了这种现象，而且扩张型企业所吸纳的新雇员，往往收入水平比老雇员要高。当企业规模扩张却没有收到实际效益，需要裁减新项目和新部门时，老雇员对于新雇员的负面看法会进一步加剧。

前文中的 QSIM 离职压力模型显示，在本风险类别下，将出现的离职状态值为 $W_{3,4}=QS(f_1, f_2, [t_1, t_2])=<qval, qdir>=<1^*, 1^*>=<1^*, \uparrow^*>$或者 $W_5=QS(f_1, f_2, t_2)=<qval, qdir>=<1, 1>=<1, \uparrow>$，QSIM 离职压力仿真模型显示风险对离职的压力的定性状态值和定性状态变化方向均展现了持续性的增强。

伴随着持续性的压力增强，是企业在快速融资后被动收缩所带来的 QSIM 定性仿真模型的 I 转换状态，即从时间区间向时间点的快速靠近，这种 I 转换往往意味着快速和剧烈的转变。基于震撼模型的理念看，在这种剧烈动荡的压力中，雇员比缓慢的渐进式风险状态下更易于产生"震撼式事件"，并进入震撼后的思考过程，从而引起雇员将当前的状态和自己的价值映像、轨道映像、策略映像进行比对，由于雇雇员作前后状态的反差很大，较大概率上会有一部分雇员认为当前的被动处境和自己当初来公司所持有的心理映像不一样。

这种情况下，部分新雇员会从路径 2 产生离职决定，因为他们对当前工作状态的评估预期值已经发生恶化，已经认为这份工作和自己的心理映像不兼容。当受到压力时，这部分雇员在没有新的工作机会情况下，会直接选择离职。一部分新雇员可能会从路径 3 选择离职，也就是说，他们也认为这份工作和自己的心理映像不兼容，然后开始搜索新的工作，在找到新的工作机会后选择离职。

嵌入理论在这类情况下作用比较有限。因为这些新雇员来企业时间不长，无论是在组织上，还是在社区上，新雇员和企业的"联系"关系一般不是太强，当他们考虑离职时，需要做出的"牺牲"也有限，所以，"嵌入"对这些新雇员的束缚作用力较小。

路径 1 和路径 4 不是这类场景下的主要离职路径。原因是，路径 1 是一种电影剧本式的近乎自动化的离职。也就是说，新雇员以前经常经历这种刚入职不久而又面临公司经历扩张后的紧缩而导致工作状态恶化，这种假定是很不科学的，因为没有人能断定这些新雇员以前的公司就一直是类似这种扩张失败的公司类型。所以，无法确定新雇员的心里是否大多存在这种电影剧本，所以，断定路径 1 是雇员离职的主要路径不合适。

路径 4 是不定期地把当前工作情况对比心理映像进行筛查，如果不一致就会进入离职思考流程。这种并不适合于此类场景。因为无论新雇员还是老雇员，都会不定期检验心理映像。这不是一个突出针对本场景的特别的离职原因，本场景下的雇员离职率不会在这条路径上有特别突出的增加。

在这种情况下，本书认为，企业的一个特征是会出现不少在职期偏短的离职雇员。所谓在职期，根据组织寿命专家卡兹的看法，雇员在职 1.5~5 年是一个稳定的在职时间，短于这个时间或长于这个时间都是不稳定的工作期限（王文俊，2010）。由于这是企业进行扩张出现重大风险的背景下的离职，作为新雇员来说，应该不是稳定期离职，一般都不在 1.5~5 年的稳定就职期限范围内，所以，本书假定，在职时长不在 1.5~5 年期限内的离职雇员数量增加，也是这种风险下的一个重要风险特征指标。

所以，本书基于这种因前期扩张过度但扩张后效益不佳而导致重大信用风险的风险类型，可以推导出假设：雇员的稳定性与企业重大信用风险具有相关性。与此相应的指标假设如表 4-2 所示。

表4-2　理论推导假设与相关指标

工作稳定性指标	指标 X8：企业离职雇员的在岗工作月份的总和
	指标 X9：企业离职雇员的稳定性评价指数的平均数
	指标 X10：企业离职雇员平均在职月数
	指标 X11：在岗雇员稳定性较上年同比变动比率

（2）本类别下的访谈案例介绍（详见附录）。

WN 入职一家综合性民营企业一年多，所担任岗位是该企业设在某一线大城市对外投资部门的投资审批总监。WN 入职时，主要觉得民营企业机制比较灵活，同时该企业从外观上感觉正在蓬勃上升期，也有一定的规模。面试时，面试官告诉 WN，投资部可以形成合伙人机制，投资部的中高层人员如果投资业绩好，可以成为投资部的合伙人，可以分红。WN 觉得这点不错，想把业绩做好，成为公司投资部的一个合伙人，这样能借助于公司这个大平台给自己做事业。

但工作一年后，WN 发现，公司以前在经济宽松期大量扩张，盲目上项目，没有资金流收支的规划，没有量入为出，并且借了大量的贷款。现在经济开始下行，坏账和贷款的压力一天比一天大，公司几乎没有能正常发工资的月份。公司的负责人换了一拨又一拨，WN 感觉风险越来越大。

有一次，公司老板 S 总从外地总部来公司开会，该公司的总部在公司起步地所在的中部省份一个偏远小城市，WN 所在的投资事业部作为公司最主要的部门之一，设在 WN 所在的北方一线大城市。S 总来公司后，非常粗鲁地指手画脚，满口脏话，令 WN 很惊愕。WN 问了其他人，其他同事暗示 S 总以前是建筑民工出身，承包了几个工程后开始做房地产开发，赶上了好时候，产业越做越大，形成了大型产业集团，但自身素质很低，文化程度是初中还没毕业，所以行为举止缺乏修养。

当天有一项工作是由 WN 和投资部同事到 S 总所在的一家企业家俱乐部讲述公司发展的 PPT。WN 给企业家刚讲了没几张公司的 PPT，S 总就非常生气而且没有礼貌地挥手打断了，发了几句牢骚，然后要 WN 尽快讲其他部分，后来同事告知 WN，S 总让 WN 讲 PPT 是想寻找其他企业家的融资资金，缓解资金困境，所以只要讲 PPT 的融资需求部分就可以了，不用讲公司介绍。但当时没有人告诉 WN 这个，只是告诉他要介绍公司的 PPT，所以 WN 怎么能知道老板是这种需求？

当天发生的事情，对 WN 有了震撼作用。WN 联想起目前的工作，觉得一是公司现在资金非常紧，到处找融资，估计撑不了多久了，要尽早考虑出路，二是 S 总素质很低，WN 从心底里讨厌这种人，WN 认为这种公司不会有多大的发展。WN 入职时是想把业绩做好，发展成为公司的投资合伙人，现在看来是不可能了。于是，WN 当天决定尽快离职。

后来，WN 找到一家大型上市公司的职位，入职了上市公司。离开后大约 7 个月，WN 听说原投资部快要关门了，多个项目因为资金链断裂而中断了，公司雇员基本都被拖欠了工资，并陆续离职，雇员流动率相当高。大约一年半以后，WN 听说几乎每周都有去公司闹事要求还款的资方，多家贷款银行在法院起诉了公司。WN 先生离职大约三年后，听说 S 总因为非法集资被判处了无期徒刑。

（3）访谈案例分析。这个案例是本书"过度融资导致后期紧缩"重大风险类别下典型的雇员离职案例。WN 进入企业工作一年多后，经过一次偶然的与企业负责人 S 总的接触事件，引发了自己的震撼性联想。首先，WN 对企业当前恶劣的经济状况与自己的心理映像对比后，认为不符合自己当时希望借助这个公司的良好平台推动自己发展的轨道映像；其次，WN 也明显不认同 S 总的为人处事方式，认为 S 总和自己持有的价值映像相差太远。于是 WN 从心理映像上对该企业产生了相容性检验的否定性判断，在找到新工作后离职了，也就是选择了震撼理论中路径 3 的离职方式。

因本书的研究主旨是从金融机构角度，通过企业雇员的离职趋势，判断企业隐藏的重大信用风险，所以，若从金融机构的外部角度看待 WN 等雇员的离职，会注意到，WN 等雇员离职比较频繁，企业的雇员离职率比往年高出很多，应该能够判断到企业经营情况会出现较大波动。银行信贷员此时应将这种预警指标结合企业财务以及现场调研，进一步确认企业的风险来源以及风险程度，从而决定采取什么样的信贷保全措施，防止银行贷款出现风险。

3. 贷款未正常使用导致拖欠贷款

本类风险一般指企业将款项未按规定使用，而是变更贷款用途投向其他项目如房地产、炒期货等，在新的贷款用途下又未能收回收益（比如是短贷长投项目），导致无法还贷。在前文的 QSIM 离职压力模型上，模拟出的离职压力方式与"过度融资导致后期紧缩"比较类似但压力强度要略轻。

本场景是贷款用途变更导致企业出现重大信用风险。在这种情况下，企业往往会经历一个雇员数量先增后降的过程。企业在新增项目时，会增加雇员，但是，当项目未按时取得理想的经济效益，反而给企业形成重大信用风险时，无论是企业还是项目的压力都会与日俱增。在这种情况下，新进入企业雇员在对自身的震撼事件进行评估时，当初进入企业时抱有的期望值受到很大损害，而与之匹配的价值映像、轨道映像与策略映像，都很难再和当前的工作情况相匹配。也就是说，当前工作情况难以通过映像体系的筛查。

由于企业出现重大信用风险的主因是贷款变更用途后、企业从事非指定贷款用途的项目并未取得理想效益，这意味着贷款转投其他项目不是成功的，发展该项目所招收的新雇员将由于项目的失败而整体受到负面影响和压力，这促使新雇员会以降低后的工作状态的评估值来对比其心理映像，从而易于在心理筛查中失败。

在嵌入理论方面，嵌入是"一个将个体束缚其中的网络，是促使雇员留职的各种力量的集合"（Mitchell et al.，2001），因此，一方面，对于新入职的雇员来说，由于其入职时间短，在组织和社区上，都未形成较强的联结，另外，其嵌入理论中的心理匹配，也会因为自身评估值降低而发生改变，可能使雇员难以和所在组织实现好的匹配，所以，组织嵌入感对新雇员的离职趋势的反向回拉力比较弱；另一方面，对于老雇员来说，由于新项目和老雇员关联性不强，新项目失败对老雇员形成的压力比较有限，同时，老雇员的组织嵌入感比新雇员要强很多，所以，老雇员的离职决策会比较少。但是，由于企业的项目投资失败，正在酝酿着重大信用风险，在企业前景、工资和福利待遇等方面会有一定的负面冲击，所以，有一定的老雇员也会产生离职的考虑。也就是说，新雇员会出现明显的先增后减，老雇员也会出现一定离职，但离职比率低于新雇员。

本书综合本场景的分析，基于因贷款变更用途后、新项目未取得理想效益，而导致重大信用风险的风险类别，可以推导出假设：企业雇员的平均司龄水平与企业重大信用风险有相关性。

4. 司法、担保或者查封风险

本类风险一般指企业出现司法诉讼事件或者担保代偿、导致财产被查封或者强制扣减，以致无法还贷。

（1）推导本类别下的预警信号。当企业由于司法诉讼或担保代偿导致财产被扣封，而出现重大信用风险，这种情况下，企业一是面临资金流方面的困境，二是面临法律风险，这种双重压力会导致企业内外部环境恶化。一方面，公司的工资福利等会因资金流减少而受到影响，公司的声誉可能会因涉及诉讼或涉及保全而受损，影响业务开展；另一方面，法律风险和资产查封，更将导致部分雇员对公司的预期降低（王芳和薛波，2014）。

由于司法机关的处置力度和信息公开性一般比较大，企业比较难以掩盖这种风险事件，因此，这类风险事件会对企业与雇员产生速度较快和幅度较大的震荡，相应在企业的 QSIM 定性仿真模型的时间横轴上的表现是 t_0、t_1、t_2、t_3 这样的时间节点的数量较少，原因是震荡周期比其他风险更快更短，其后果是本类别风险对雇员的压力比较强而且快速。这些会使得雇员比较快而且普遍地从震撼模型的路径 2 和路径 3 选择离职。这是因为强而快的风险压力，比较容易地通过震撼事件触发企业雇员的联想。而雇员经由一个震撼事件启动后，会将当前的工作状态和心理映像进行检验，审视"现工作是否和映像驱动的愿景相匹配"（杨春江和马钦海，2010）。而资金流紧张、工资福利减少、财产被查封、银行流水被扣划的状态，肯定是和大多数雇员心理中的价值映像及轨道映像不相容的，也就是说，相容性检验很难通过，一部分雇员会从路径 2 选择离职，另一部分雇员会启动职位搜寻行动，当搜寻到新的工作机会时，雇员将进行利益性检验。如果新的工作机会比较当前的机会是利益最大化的，这些有新工作机会的雇员就会选择离职。

对于一些对司法事件相对敏感的行业来说，比如直销业、金融、房地产、医药保健等，部分雇员以往所在的公司有过涉诉涉封等经历场景，有过在类似场景下的离职历史，则有可能会选择路径 1 进行自动化离职。

嵌入理论在这其中会发挥比较大的束缚作用。这是因为此时考虑离职的不光是新雇员，老雇员也会考虑离职。但对于老雇员来说，和企业在组织及社区上有较长时间的依附，其联系关系相对比较紧密。在一些情况下，组织嵌入感所产生的联系/依附的留职拉力，甚至超过了雇员在震撼事件下的心理映像筛查不合格而产生的离职拉力，这种留职拉力成为老雇员仍然未离职的主要原因。

本书综合本场景的分析，基于涉及司法诉讼、财产扣封而导致重大信用风险的风险类别，可以推导出假设：雇员的数量与企业重大信用风险具有相关性。

本类型推导出的理论假设与前文中的假设相同，因此相关的假设指标也相同，此处不再赘述。

（2）本类别下的访谈案例介绍（详见附录）。

LDR 一直在内地中型城市的国企工作多年，之后辞职读了全日制研究生。硕士毕业后，LDR 来到北方某一线大城市入职一家金融业管理咨询公司，岗位是管理咨询顾问。

LDR 入职这家管理咨询公司的原因，是认为该公司比较创新和在业内有较高知名度。LDR 的入职期望主要是希望多积累经验，在行业领域内能取得良好的项目经历和专业能力。入职之后，据 LDR 口述，该公司除了工作压力大，经常加班和非常频繁地出差外，其他方面都能接受。

一个周末晚上，LDR 和几个朋友吃饭，去看了一场演出。其中有一个片段是女主角的家人被诊断得了重症，而女主角所工作的公司却因为经济案件濒临停业，女主角没有钱治疗，四处告贷无门。这个片段让 LDR 在剧院里就很快地联想起自己在公司中的实际处境。

因为最近半年内很少见公司董事长出现。有同事私下传言可能董事长出事了，可能是涉及公司在北方省份的一个大型项目。该项目是我国截至当年在管理咨询领域的合同金额最大的项目之一。由于该项目的甲方国有企业领导在反腐工作中因受贿被批捕，LDR 所在公司的董事长很可能因为行贿中标该项目而卷入案件中，所以很少来公司了。而公司资金突然十分紧张，原定的年终奖也取消了，甚至出现过几次当月没有支付工资的情况，虽然工资后来还是发了，但这种异常情况在以前几年从来没有出现过。特别是公司的财务岗位，频繁更换了好几拨人。近期也有两三次不友善的陌生面孔的人来公司，看样子感觉像是政府执法人员。通过这些种种内部迹象，LDR 察觉到公司面临比较大的问题，七成以上的概率将出现大风波，特别是董事长很可能有涉案的麻烦了。

看了那场演出后，LDR 回来反复想了一阵，回忆起多年前工作的那家国企，该国企的常务副总经理有一年也出现过类似的情况，最后因为行贿被刑事起诉，公司因此受到较大牵连，许多合同不能正常履行，公司的银行账号还被查封了一段时间。LDR 当时离职也部分是因为那个事件。

LDR 综合考虑后，觉得应该离开该公司，避免自己因为在职而摊上不必要的麻烦，更何况 LDR 家中父母的身体也不好，和那个演出片段很类似。

实际上，LDR 对这家咨询公司和公司董事长的印象不错，公司发展很好，董事长也比较好相处。但 LDR 认为自己个人没必要卷入这种案件风波，而且公司目前看发展势头已经受到外力的负面影响。

经过反复考虑后，LDR 决定离职。于是，LDR 还未找到下一家单位，就申请和办理了离职。

LDR 离职后去了该城市 CBD 的一家美国知名咨询公司。后来 LDR 原公司果然出了问题。LDR 离职后不久，董事长就被北方某省执法人员逮捕了，罪名是特大行贿，被列为当时北方该省人民检察院所破获的当年几起全省特大行贿案之一，甚至还被列入该省人民检察院的年度工作成果汇报。该公司董事长被捕后，新雇员大部分离职，但这家公司在管理层及老雇员团队的维持下，还运行了近一年，之后老雇员团队也开始离职，公司最后终止了业务。直到现在过去几年了，该公司都没有恢复正常运营。该公司在经营期间借贷的多批银行贷款也成了坏账，银行信贷人员追讨多次均无下文。

（3）访谈案例分析。这个案例是本书"司法风险"这个重大风险类别下典型的雇员离职案例。LDR 以前曾经有过类似的工作场景，即原工作的国企有负责人被司法处置，导致企业承担较大的负面问题。当 LDR 工作的咨询公司再次出现类似的场景后，LDR 自动产生震撼模型中的"电影剧本重现式的自动离职"，这是震撼模型中所提出的路径 1 的离职方式。

从本书的研究视野，也就是银行信贷的角度，通过 LDR 的离职行为，看待这家企业存在的风险，可以看到，公司雇员在大量地离职，公司的新雇员素质不断地下降，在职平均时间缩短，老雇员也开始离职，都表明公司内部可能遇到了未对外披露的大型潜在风险。同时，从老雇员还在坚持营业，但新雇员在职平均时间缩短和离职规模同比增大等特征下，能够判断出该风险的大致可能类型。

（二）还款主观意愿类

在企业家道德原因这个重大风险类别下，如前文所述，存在下列细分类别：

（1）企业主观不还。本条是指企业完全不准备归还贷款，即存在明显的主观违约性。

（2）企业还款意识淡薄。意为企业没有完全不想还贷，但不想按时还；或者对及时还贷不在意，总想着拖延。

（3）企业将贷款用于消费。本条是指企业家生活铺张，把贷款或者公司业务收入都用于个人消费。

在上述的场景下，企业不想还贷，甚至将贷款用于个人消费，这本身意味着企业家十分缺乏诚信。根据管理学的观点，企业家的自身行为和价值观念，会深刻影响企业文化，企业家的不诚信，往往会导致企业在内部管理中的不诚信特征（Sweeney et al.，2009）。

根据 QSIM 压力模型的分析，当企业在还款意愿上存在较大问题时，这种情况往往意味着出现一个比较漫长的 QSIM 时间横轴，QSIM 时间横轴上的风险时间节点 t_0、t_1、t_2、t_3 也会比较多，企业的风险在 QSIM 横轴上不断积累，企业在 QSIM 横轴上历经 t_1、t_2、t_3 等时间节点所累积的风险越来越多，导致开始走向重大信用风险。而在重大信用风险爆发前的时期内，雇员离职意愿累积情形即类似于以下公式的描述，表示雇员的离职意愿最终显著剧增。

$$W = QS(f_1, f_2, t_2) = <qval, qdir> = <1^*, 1^*> = <1^*, \uparrow^*>$$

本类风险更多呈现日渐累积性，而不会如司法风险那样快而短地爆发。主要原因是企业主观意愿虽然不归还贷款，但企业的决策是一种偏理性决策，并非类似个体决策存在较大的非理性因素，所以，企业对于贷款合同违约给企业带来的后果有一定的认识。当 QSIM 定性仿真模型的时间横轴上累积的风险达到重大风险的程度时，本质上企业已经对欠贷风险失去了控制能力，才导致出现了严重危机。所以，当企业因为这个原因出现重大信用风险时，实际意味着该企业在这项风险上已经到了十分严重的地步。

依据 QSIM 定性仿真模型展现出的该企业离职压力的上述渐进性特点，其雇员将会在路径 1、路径 2、路径 3、路径 4 有比较高的离职率。因为大多数的雇员在企业风险日渐累积的过程中，对于该企业的价值观和道德观的判断会逐渐趋于清晰准确。而无论是基于震撼事件的路径 1、路径 2、路径 3 的心理评估，还是基于路径 4 的例外型心理评估，都很难将这种价值观与道德观偏低的企业形象，和雇员自身的价值映像等同起来，所以，雇员当前的工作情况不能顺利通过雇员自身的价值映像和轨道映像的"筛查"机制是一个大概率事件。

实证研究也表明，领导者自身的诚信和道德情况与雇员离职率呈相关关系（郎群秀和赵方苏，2014）。若企业领导人的品行和习惯存在较大问题，会直接导致雇员的离职趋向出现高流动率的特点。

嵌入理论在这种企业中产生的组织依附作用很小。根据 Mitchell 等的观点，嵌入理论发挥作用的一个重要因素是"匹配因素"，即"雇员感受到的对组织和周围环境的相容性及舒适程度"，而这方面，首要决定因素是雇员和组织的价值观相近（Mitchell et al.，2001）。当企业家严重缺乏诚信和道德观念时，大多数雇员对组织的嵌入感就十分有限了（张筝和黎永泰，2007）。从而雇员的嵌入感难以成为离职决策的反向回拉力。

基于上述推导，本书提出假设：企业雇员的数量变化与企业重大信用风险具有相关性。

因本风险类别推导出的理论假设与前文中的假设相同，因此相关的假设指标也相同，此处不再赘述。

（三）贷款欺诈类

（1）推导本类别的预警信号。在贷款欺诈而形成的企业重大信用风险中，最常见的是企业编造虚假材料取得贷款而形成的重大信用风险。

在企业信贷市场，有部分企业靠虚假材料取得贷款，由此可能会形成重大信用风险。也就是说，企业虚假取得贷款后，没有正常归还贷款，从而导致贷款成为不良贷款。

严格来说，我国投融资市场的实际情况是，绝大多数企业在申请贷款和融资时，都会有一定的水分和包装，但这种虚假材料如果作为企业重大信用风险主因的话，说明该虚假材料是比较关键的材料，而且造假程度较大，比如申请主体虚假、业务大量造假、财报造假等。

从大多数信贷案例看，材料造假导致重大风险的企业有个比较普遍的特征，就是这类企业并非一时一地的造假，而是长期造假，甚至有系统、有组织地造假。

企业之所以冒着违法违规风险甚至刑事欺诈风险进行严重造假，往往是因为经营效益和业绩不理想导致自身申请资质缺乏，才会铤而走险、频繁造假。既然经营效益都不理想，雇员的工资和福利往往也不理想。同时，此类频繁造假的企业往往是诚信观念偏低的企业。高层的诚信偏低的观念行为会渗透影响企业文化，导致企业对于雇员的承诺守信度比较低（Sweeney et al.，2009）。

本类风险和"司法、担保或者查封"的风险类别下的 QSIM 离职压力模型分析结果比较类似，即由于风险会比较大和比较快地对企业与雇员产生震荡，因此在企业的 QSIM 模型的时间横轴上的表现是 t_0、t_1、t_2、t_3 这样的时间节点较少，原因是震荡周期比其他风险更快更短。

雇员在此类企业，最多发生的是路径 4，即雇员在定期的心理映像评估中，不认同当前工作状态，在无震撼事件的引发下，寻找到新工作机会而离职。

同时，雇员还会通过路径 2 和路径 3 离职。在频繁造假、诚信观念低的企业中，雇员往往缺乏安全感（王芳和薛波，2014），一个普通小事件就容易变成为震撼事件，从而触发雇员将此工作状态与其价值映像、轨道映像、策略映像进行比较，认为不一致时，雇员有可能通过路径 2 离职，有的雇员可能会对比新工作机会和当前工作情况，然后选择路径 3 离职。

有少量雇员也会选择路径 1 离职，这往往取决于雇员是否之前有类似的低诚信且易于造假公司的工作经历，但不是所有雇员都有在此类公司工作的离职经历，所以路径 1 会存在一定的离职雇员，但并不会成为该企业雇员离职的主要原因。

同时，此类企业还有一个特征，由于其主要依靠虚假包装，自身真实实力较弱，不容易在行业内招聘到优秀的雇员，其所招聘来的雇员的历史职业生涯稳定性一般不高。

嵌入理论在本场景下对雇员离职的反向回拉作用偏小。主要原因是，企业既然效益不佳，工资和福利不理想，对雇员也难以具备承诺感，那么，该企业无论是对老雇员还是对新雇员，能够提供的联系感和依附感一般都会比较少。

上述推导显示"企业材料造假骗取贷款"与企业经营历史时间、雇员离职率、雇员稳定性、雇员历史职业生涯的稳定性呈现相关性，本书推导出如表 4-3 所示的假设指标。

表 4-3　理论推导假设与相关指标

职业生涯类指标	指标 X12：企业在岗雇员的以往历史每段职业生涯的平均时长
	指标 X13：企业在岗雇员的以往历史每段职业生涯的平均时长的中位数
	指标 X14：企业在岗雇员的历史最快流动性
	指标 X15：企业在岗雇员的历史职业生涯平均不稳定指数
	指标 X16：在岗雇员历史流动性较上年同比变动比率

同时，上述推导显示雇员的数量、工作稳定性也与企业重大信用风险具有相关性。而这两个理论假设与前文中的假设相同，因此相关的假设指标也相同，此处不再赘述。

（2）本类别下的访谈案例介绍（详见附录）。

SJQ 在东部某省会城市的一家大型商业企业工作十多年。最早是在财务部门，然后转到了信息技术部门，之后又去了业务部门，因为在文字工作上有一定能力，被调至总公司办公室，岗位为办公室秘书。

SJQ 在访谈中表示，他的入职期望和价值取向是逐步成为公司的管理层，因该公司比较有规模，在业内有一定行业地位，许多雇员也在公司里工作时间比较长，大多数雇员都是以发展成为公司中高层为主要价值取向。而且，该公司的中高层在当地城市的社会生活中，也被认为是拥有了广泛认可的社会地位。

SJQ 认为，他的离职是综合原因产生的，逐渐发现该公司近年经济效益不好，财务报表每况愈下，所以公司对财务造假比较严重，并用来套取银行贷款，而且该公司因为效益不好，所以福利和奖金比起以前公司效益好的年份差得太远。SJQ 认为这是他离职的主因。

当问起 SJQ 为什么会产生离职的想法时，SJQ 回忆后想起，离职的缘由实际来源于一件几乎不相关的小事。SJQ 周末骑车经过城市的一条街道，不经意间看到临街写字楼上有一个灯箱广告牌写着"低学费留学海外"。因为 SJQ 以往觉得留学要很多钱，但这个广告写的是"低学费"，所以

SJQ 比较好奇。SJQ 去这家留学咨询公司做了咨询，原来该公司代理海外一家十分知名的正规公立大学研究生学位课程，只要通过这个大学在中国组织的一项考试，就可以按很低的学费入学。SJQ 当时就动心了。

SJQ 回来仔细考虑了一个星期，觉得公司目前也不太理想。因为 SJQ 做办公室秘书期间，发现公司长期在财务上有很多虚假包装和不真实的项目以用来申请银行贷款，而且公司虽然以前效益和知名度都很好，但现在效益长期不佳，在福利和奖金方面都很不理想。SJQ 总结认为，既然这个留学课程所需费用不高，也可以给 SJQ 做一个跳板，镀一层金后再去寻找更好的工作单位，这是一条很好的发展道路。

所以，SJQ 下定了决心要离职。当然，毕竟在这个企业里工作时间比较长，离职不是一件简单的事情。SJQ 和家人详细沟通了，家人也比较支持。SJQ 将各方面都做了权衡，认为离职去留学确实是最好的选择，于是 SJQ 参加了该考试。比较意外的是，那个考试颇有难度，但 SJQ 最终幸运地通过了。于是 SJQ 就申请了离职，并办理了手续以便出国留学。

SJQ 离职几年后回到那家公司看以前的同事。令 SJQ 惊讶的是，虽然物价上涨较大，但前同事们的工资几乎没有任何提高，可见 SJQ 当时离职是对的。再后来，SJQ 听说公司有了麻烦，因为有一笔大额贷款没有还上，结果被人揭发财务造假，牵连出了公司在财务与业务方面的系列造假案，导致几个主要领导以骗取贷款的罪名被刑事拘留，公司也因为贷款逾期违约而被几家银行起诉了，关于之后的具体情况 SJQ 就不清楚了。

（3）访谈案例分析。这个案例是本书"贷款欺诈"这个重大风险类别下典型的雇员离职案例。SJQ 在企业中工作多年，发现企业因为经营效益和财务状况不好，所以近年经常通过虚假材料套取银行贷款，同时企业也因经营效益不好而严重影响了福利与奖金。当留学广告这个偶然的小事件触发了 SJQ 离职考虑后，对于新的机会去向，SJQ 首先是认可的，表明留学这个新机会已顺利通过了 SJQ 心理上的相容性检验，然后 SJQ 在心理上进行了利益性检验，选择了利益最大化的出国留学这个选项，从而确定了离职决策。这是典型的通过震撼理论路径 3 的离职决策。

由于本书主旨是站在金融机构的外部角度评判企业风险，而不是从企业内部看企业。所以，从本书的视野角度，也就是银行信贷人员的外部角度看待 SJQ 等雇员的离职，会注意到该企业的职员在大量地离职，甚至 SJQ 这类的总公司秘书以及财务人员这样敏感而关键的职位都陆续离职，说明企业内部存在较大风险问题，金融机构需要进一步详细做信贷尽职调查。

（四）企业资金流类

企业资金流类层面包含两种情况，这两种情况比较近似，本书合并进行分析：

（1）被下游企业拖欠款项过多，企业回流现金不足以支持归还贷款。

（2）经营正常，但资金流动性差，被短期挤兑而出现流动危机。

从信用风险的角度进行分析，在这类场景下，企业经营正常，但资金流动性变差，现金流恶化，出现资金挤兑而导致出现流动性危机。资金的流动性危机无疑影响雇员工作的软硬件环境、工资发放和职工的福利较大幅度减少或者受到比较严重的拖延。同时，从 QSIM 离职压力模型的前述分析结果中可以看到，资金流风险是一个由区间到时间点的 I 转换过程，风险十分短促而迅速地来到。

所以，从震撼理论的角度看，雇员在上述状态下，易于受到震撼事件引发，而将当前工作状态与映像进行对比筛查。资金流动性如果是短期内的现象，经过自己心理筛查而离职的雇员不会太多，离职的主要是短期的新雇员，由于老雇员具有一定的组织嵌入作用，和企业之间存在较强的联系感和匹配感，因短期资金流压力而离职的概率较小；但资金流动性如果是中长期内的现象，会出现包括新雇员和老雇员在内的较多雇员离职。

从嵌入理论和映像理论看，如果企业经营正常，而只是资金流发生危机，那么，企业的价值观、前景等都没有太大的变化，只是面临类似心肌梗阻似的资金压力问题。对于当前状态的心理映像筛查中，雇员会认为当前的工作情况和以前的工作情况没有太大不同，在价值映像、轨道映像上应该不会出现和以往验证结果不同的情况，也就是仍然可以通过。同时，在策略映像的验证上，由于策略映像主要指落实目标的具体措施，而雇员当前工作状态已经受到企业资金流紧张的压力而产生一定问题，所以，策略映像会和先前的验证结果有一定差异。但是，一般来说，凡是在企业中有较长时间工作经验的人士都有体会，企业中的雇员，甚至高层管理人员，都对企业的实际财务情况所知不多。也就是说，企业的真实财务情况是不透明的。所以，虽然雇员会有觉得企业哪儿不对的感觉，也会通过相互间的消息和自身感觉，意识到企业的财务资金流出现了一些问题，但是，他并不清楚资金流的问题已经严重到什么程度，所以，雇员无法据此完全否定当前工作状态在自我的策略映像下的验证通过性。也就是说，离职率还是在一个略高但可控的状态。当资金流危机已经完全明显化，雇员意识到资金流的严重问题时，离职率会很快进一步扩大，主要是通过路径2、路径3离开公司，部分有类似离职经历的雇员会通过路径1离开公司。

因此，本书的分析结论是，当企业资金流出现危机时，离职人员会有一定比例的提高，但不是特别大的提高，新雇员易于在短时期内离开公司，但只有在企业资金流危机已经表面化和明显化时，新老雇员才会大批量地在短时期内离开公司，离职率此时骤然上升。

本书综合本场景的分析，基于这种自身经营正常，但因资金流压力而产生重大信用风险的类别，可以推导出假设：企业雇员的司龄、数量与企业重大信用风险具有相关性。

因本类型推导出的该理论假设与前文中的假设相同，因此相关的假设指标也相同，此处不再赘述。

（五）宏观与行业类

1. 宏观环境变化

本类别风险一般指企业面临的经济环境变差，业务出现困难，无法还贷。本类别分析可参见前述的"企业经营恶化"场景。

2. 产业政策变动

本类别风险一般是譬如环保政策出台、年检政策发生变化、食品安全生产政策出台、实施许可证或牌照制度等，导致企业的业务受到较大影响，无法正常经营和还贷。从信用风险角度看，我国产业政策经常发生变化和调整，比如环保政策经常调整，经常出台临时性措施；公路运输政策经常出台调整性政策，有时会影响到企业的生产经营。如果企业的重大信用风险来源于产业政策的调整，一般来说，对于企业的影响比较大，而且我国产业政策调整大多数缓冲时间少，落地比较急，对于企业的冲击作用比较明显。

在这种影响大、缓冲短、冲击明显的压力下，企业往往要下比较大的功夫来应对产业政策的调整。如果企业是因产业政策调整而出现重大信用风险，一般是企业没有应对好这种压力，从而导致生产经营出现重大风险。

在这种情况下，雇员按路径2和路径3离职的比较多。因为当企业在缓冲短、冲击明显的产业政策压力下，雇员在紧张的工作中很容易触发震撼事件，从而将自己的工作情况比较心理映像，并引起离职决策。

同时，有少数在以往职业生涯中遇到过类似情况并离职的雇员，也可能走路径1。但路径4并不会新增太多的离职人员，因为，认为工作现状不符合心理映像的离职雇员，在这种紧张和易于受挫的工作状态中，很容易产生震撼事件，所以，这些雇员主要都是从前面几个路径进行离职决策，而不用等到路径4的周期式心理评估时再做离职决策。

此外，由于产业政策的发布一般是透明的，企业内高管级雇员在一定程度上能判断出产业政策的影响力大小以及企业是否能够适应这次调整。当企业陷入重大信用风险时，高管级雇员很可能已经提前离开企业，因此，本书假设，高管级雇员的群体离职数量较多。从这个假设看，如果产业政策调整时高管级雇员离职比率较大，能反映出企业所面临的重大信用风险大小。

对于组织嵌入理论来说，它在这种情况下会发挥一定的作用。对于在企业中联系感比较强的雇员，组织嵌入的作用会使得这些雇员更倾向于继续留在企业中。

本书综合本场景的分析，对因产业政策调整而导致重大信用风险的企业，可以推导出下列假设：雇员的数量、司龄、高管变动与企业重大信用风险具有相关性。因数量、司龄这两个理论假设与前文中的假设相同，因此相关的假设指标也相同，此处不再赘述；同时，关于高管级雇员行为类的指标假设如表4-4所示。

表4-4　理论推导假设与相关指标

高管级雇员 行为类指标	指标X17：企业高管级雇员在岗的数量
	指标X18：企业高管级雇员的离职率
	指标X19：企业高管级雇员的入职率
	指标X20：企业离职的高管级雇员平均在岗时长
	指标X21：企业全部离职的高管级雇员的在岗稳定性评价指数
	指标X22：离职的高管级雇员稳定性较上年同比变动率

三、雇员群体离职对企业重大信用风险的预警信号假设

本章的理论推导所形成的预警信号的假设指标共25个，具体如表4-5所示。

表4-5　预警假设指标

司龄类指标、 数量类指标	指标X1：企业在职人数
	指标X2：企业在职雇员的已工作月份的平均数
	指标X3：企业在职雇员的已工作月份的总和
	指标X4：企业的入职率
	指标X5：企业的离职率
	指标X6：企业净流出人数
	指标X7：企业的人才净流出比率

工作稳定性指标	指标 X8：企业离职雇员的在岗工作月份的总和
	指标 X9：企业离职雇员的稳定性评价指数的平均数
	指标 X10：企业离职雇员平均在职月数
	指标 X11：在岗雇员稳定性较上年同比变动比率
职业生涯 类指标	指标 X12：企业在岗雇员的以往历史每段职业生涯的平均时长
	指标 X13：企业在岗雇员的以往历史每段职业生涯的平均时长的中位数
	指标 X14：企业在岗雇员的历史最快流动性
	指标 X15：企业在岗雇员的历史职业生涯平均不稳定指数
	指标 X16：在岗雇员历史流动性较上年同比变动比率
高管级雇员 行为类指标	指标 X17：企业高管级雇员在岗的数量
	指标 X18：企业高管级雇员的离职率
	指标 X19：企业高管级雇员的入职率
	指标 X20：企业离职的高管级雇员平均在岗时长
	指标 X21：企业全部离职的高管级雇员的在岗稳定性评价指数
	指标 X22：离职的高管级雇员稳定性较上年同比变动率
年龄类指标	指标 X23：企业在职雇员的平均年龄较上年同比变动率
学历类指标	指标 X24：企业在职雇员的平均学历水平较上年同比变动率
工龄类指标	指标 X25：企业在职雇员的平均工龄较上年同比变动率

　　基于本章的理论推导与假设，现将雇员群体离职现象对企业重大信用风险的预警假设信号划分为司龄、数量、稳定性、历史背景构成、高管级雇员流动性、年龄、学历、工龄 8 个预警模块，在此构建为一个模型，即群体离职对重大风险的预警模型（见图 4-1），本章推导形成的 25 个假设预警指标都各属于其中的一个预警模块。

　　上述预警模型的含义是：当企业存在重大信用风险时，风险所形成的压力会向雇员传导，使得雇员产生群体离职，从而导致公司雇员结构的 8 个指标模块发生明显变化，这 8 个指标模块是雇员司龄、雇员数量、雇员稳定性、雇员历史背景构成、高管级雇员流动性、雇员年龄、雇员学历、雇雇员龄。

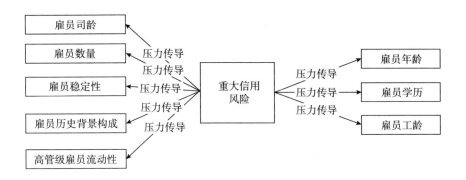

图 4-1 基于群体离职预警信号的企业重大风险预警模型

从该预警模型的机理上说，当企业的重大信用风险形成时，根据震撼模型，雇员会从 4 条路径产生离职的决策行为，嵌入理论此时起到反向回拉作用。而企业不同的信用风险种类，引发雇员产生离职冲动的路径不同，容易影响到离职的雇员群体不同，相应群体的嵌入感也不同，反向依附作用也不一样，从而产生不同的雇员离职趋势，最终在雇员司龄、雇员数量、雇员稳定性、雇员历史背景构成、高管级雇员流动性、雇员年龄、雇员学历、雇雇员龄 8 个模块表现出来。其表现的结果，成为企业存在重大信用风险的预警信号。

四、本章小结

第三章解决的是"企业重大风险是否会导致群体离职"的问题，本章解决的是"企业重大风险如何导致群体离职"的问题，研究的是企业重大风险如何向雇员传导压力，从而导致出现雇员群体离职，进而分析哪些群体离职特征能够预警企业重大信用风险。

本章以信用风险管理理论和震撼模型、映像理论、嵌入理论为基础，对面临 12 种明细风险为主要风险的企业将发生群体离职现象特征进行了推导，根据推导过程，推导出稳定性、工龄等 8 个预警模块，包含总共 25 个预警指标。

本章将上述预警假设信号组成预警模型，用于预警企业是否存在上述重大信用风险，该预警模型将在第五章进行检验。

第五章

基于预警信号的信用评分卡
定量模型的构建与检验

一、信用评分卡模型的适用性与方法设计

（一）信用评分卡模型的适用性

本书在预警模型的建模阶段采用金融机构信用风控领域使用最广泛的信用评分卡模型（Credit Scorecard Model）。本书经过比较和分析认为，使用信用评分卡模型进行建模比较贴近样本数据特点和应用需要。

从普遍的风控模型开发经验来说，评分卡模型一般需要多个维度的数据，比如财务数据、征信数据、宏观与行业经济变量数据等，才能准确进行预测。不过，本书认为，评分卡的本质是一种计量工具，是一种用来判断某些数据能否识别违约（或逾期）这种二分类现象的工具，因此，从这个意义上说，根据建模目的不同，并不是绝对化地需要多维度数据的建模。所以，本书采取的建模思路是，用评分卡模型对人才流动这个单一维度的数据指标进行建模，如果建模结果确实是能够产生入模的指标，也就是产生出能够识别坏客户的指标，则本次建模是成功的；如果建模的结果

是没有筛选出入模的指标，那么，这次建模没有成功，本书将改用其他方法进行建模。也就是说，本书认为，信用评分卡模型如果用于对理论假设进行检验，那么采用单一数据维度同样具备有效性与价值。

信用评分卡在其后的建模结果显示，本次建模是成功的，最终筛选出了一批指标进入了评分卡，说明评分卡对本书单一维度的样本数据的二分类建模过程有效，因此未再换用其他模型。

当然，在实践应用中，需要将企业雇员离职的数据指标结合企业的财务、行业、征信等其他数据指标一并构建信用评分卡，这样才能整体展现企业各维度发出的综合预警信息，从而应用于实际的预警工作中。由于这种模型首要取得的是企业人力资源大数据这种非常规的甚至高度非标的样本数据，也需要取得这些样本企业的各种财务、征信等其他维度数据，但在目前数据环境下，要找到满足最小样本数量并且同时给出上述两类数据的企业比较困难，因此有待于本书在下一步的研究工作中实现。

（二）信用评分卡模型的概述与建模规划

信用评分卡模型是一种成熟的量化预测方法，尤其在国内外金融机构信用评估领域中应用最为广泛（刘志惠，2019），它的原理是将模型变量以 WOE 编码方式离散化后，采用 Logistic 回归模型进行拟合，是一种二分类变量的广义线性模型（金欣，2018）。该方法通过离散化处理增强了模型的鲁棒性，减少了模型复杂度。同时，使用成熟并广泛运用的数学模型 Logistic 回归对数据进行拟合，使其避免了采用神经网络、随机森林作为主要建模方法会存在的不透明性，具备较强的可解释性。该模型的工作具体包括以下环节：

1. 定义目标变量

定义目标变量是如何确定好样本和坏样本的标准。如前文关于"企业重大信用风险"的定义中所阐释的，本书研究的是企业重大信用风险，根据相关文献所总结的定义为"企业存在重大损失的潜在可能性，这种损失将对企业履行到期债务产生严重的负面影响"，本书对坏样本的标识是

"一年内两次或以上次数出现信贷司法诉讼"的信贷不良企业。

2. 特征变量选择

综合企业的多个维度信息，选择对好坏样本具有较好区分度的维度作为模型的特征变量。

3. 模型构建

将所有特征变量离散化分组，计算每个分组的证据权重（Weight of Evidence，WOE）。

WOE 转换可以将 Logistic 回归模型转变为标准评分卡格式，定义如下：

Weight of Evidence = ln（Distribution Good$_i$/Distribution Bad$_i$）

WOE 反映了在特征变量每个分组下好样本对坏样本占比和总体中坏样本对好样本占比之间的差异，从而可以直观地认为 WOE 蕴含了自变量取值对目标变量的影响。

WOE 计算形式与 Logistic 回归中目标变量的 Logistic 转换（Logist_p = ln（p/1-p））相似，因而可以将自变量 WOE 值替代原先的特征变量值。

WOE 转化 IV（information value 信息价值）：

$$IV = \sum（Distribution\ Good_i - Distribution\ Bad_i）\times WOE_i$$

IV 衡量某一个特征变量的信息量，从公式看，相当于是特征变量 WOE 值的加权求和，其值大小决定了自变量对于目标变量的影响程度，因此，可以在使用 Logistic 回归前利用 IV 筛除不重要的特征变量。

筛除不重要的特征变量后，将筛选后的特征变量和目标变量，使用 Logistic 回归进行拟合，并利用 VIF 等统计量检验特征变量的多重共线性，剔除高度相关的特征变量，进一步调参优化模型。

最后，将线性模型的取值转换为得分作为企业的最终评分。

4. 模型验证

模型通过 K-S 指标进行验证，K-S 与交换曲线类似，衡量好样本和坏样本评分的累计分布比例间最大差距。好样本和坏样本间的距离越大，K-S 指标越高，模型的区分能力越强。如图 5-1 所示。

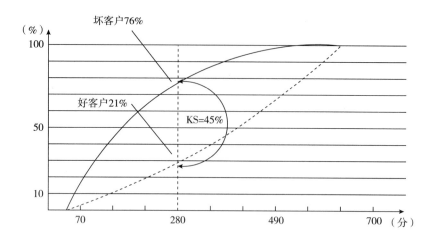

图 5-1　风险评分的区分原理

5. 模型设计中可能存在的风险

本模型在设计中可能出现的风险是正负样本存在较大的重叠，特征变量不能很好地区分目标变量。

二、数据规划、收集与清洗

（一）数据规划

正如前文所述，根据"垃圾进，垃圾出"的模型开发原则，本书认为，数据规划、收集与清洗工作是整个建模工作中最为关键的步骤，也是最消耗时间、最考验实践能力以及模型理解能力的步骤，工作量一般占整个建模工作量的至少 70% 以上。因此，本书经多轮调整，对数据工作进行了详细规划定位。

1. 观测企业

本书计划选取 1200 家企业作为研究对象，其中 300 家为出现重大信用风险违约的企业（即"坏企业"，以下按此作为简称），900 家为信贷记录良好正常的企业（即"好企业"，以下按此作为简称）。将上述企业按 2∶1 的数量切分为训练集和测试集，每个集里的好企业和坏企业的数量均为 3∶1。为避免因为企业属性相差太大而产生问题，本书尽量选择属性接近的企业，即：在地域上，本书选择的这些企业均在经济发达的一线省市，主要为北京、浙江、江苏、上海等；在企业规模上，本书选择的这些企业在规模上均属于中小企业；在行业上，如第一章所述，为科技型企业。

2. 观测人员

本书将收集上述 1200 家企业中所有人才的简历数据。这些人才的数量经去重后为 17 万余人，都是从网络招聘平台中通过 PYTHON 爬虫程序抓取。本书由负责数据方面的数据工程师小组自主研发一项技术工具，即"基于嵌套式硬件的智能搜索技术"。本书通过该技术工具抓取了上述企业的所有历史网络履历，有 50 万余份，经过去重等清洗工作，最后得到 17 万余份履历。本书选择网络招聘平台来收集雇员简历的原因如下：

（1）企业大多数的雇员简历存放在网络上。随着互联网招聘平台在最近 20 年内的成熟化和普及化，大多数企业雇员会将简历存放在网络招聘平台上，而中国的几个大型网络招聘平台又覆盖了中国 90% 以上的简历，所以，只要在中国几大招聘平台中合规地采集简历，就能取得企业的大多数雇员的脱敏简历。同时，企业人事部留存的职员简历，一般是雇员当时入职时投递的简历，也就是雇员在网上的简历与其入职时的人事简历，两者基本是同一份简历。

（2）网络采集是最直接、快速而有效的简历获取手段。银行金融机构以往之所以在企业信贷风险建模中忽视了"雇员"这个建模维度，是因为从一个贷款申请企业中取得近年该企业所有人员的简历进行分析，是一件非常困难的事情。由于现在绝大多数企业雇员在各个网络招聘平台上有简历，这件事只是在技术上有难度，但技术克服后，是能够全部从网络招聘平台上抓取到的。因此，大型网络招聘平台的存在及其当前的普及化应用，使得将"雇员群体离职特征"指标添加为企业信贷风险管理的建模的数据维度成为可能。

（3）网络简历具有较好的可靠性。可能有人会对网络简历的真实性存在较多疑问。但本书经深入的分析调研看到，网络简历的虚假程度远不如想象得大。这是因为，雇员凭网络简历找工作，是一个被多方不断反复询证的过程，导致网络个人简历甚至比许多公司的财务报表的真实程度还要高。主要原因如下：

首先，当网络简历被用于找工作时，在工作面试环节，有经验丰富的HR、业务部门经理等多轮的问询，反复验证简历信息的真假程度。同时，一部分HR还会通过背景调查判断简历的水分，入职时还需要雇员出示相应的证件、资质、离职证明以及社保历史账户等，入职以后，同事之间都是相同行业，甚至来自简历上的相同公司，这也构成一种当面见证。可见，雇员造假可能导致面试失败和以后工作中的被动，所以，雇员简历的造假程度是受到很大制约的。

其次，绝大多数网络简历的水分表现在工作经历的文字陈述上，比如，雇员只是"参与某项目"，但雇员表述为"负责该项目"；雇员只是"全面负责过三项业务，参与过四项业务"，但雇员表述为"全面负责过总共七项业务"，本书的研究并不涉及这些文字陈述部分，因为这些文字陈述涉及比较复杂的自然语言处理技术，本书主要分析简历中的在职时长、学历情况等，所以，避开了简历最可能造假的部分。

最后，本书在采集数据时开发了一个小型筛选技术工具，其功能包括简历去重、同一人多份近似简历的甄别合并、去除虚假简历等。

因此，本书最终使用的简历数据在较大程度上是客观的。

3. 观测期间

本书选择一个具体年度为观测标志年。从信用评分卡模型而言，观测标志年指重大信用风险的爆发年份，信用评分卡所要归纳总结的是风险爆发年份前的若干年内因子数据的变动趋势。对于坏企业来说，考虑到金融机构对企业是在违约后还要进行半年到一年的贷后催收才会发起诉讼，因此观测标志年是该企业出现多次信贷诉讼的上一年，即信贷连续违约年；对于好企业来说，观测标志年统一设定为 2016 年。观测期间为观测标志年之前的五年。本书研究观测期间五年里，企业的人员所呈现出的流动规律，和企业在观测标志年出现的好坏结果有什么样的相关性。

4. 遵守合规性原则

本书在数据工作中遵守合规性原则。这里指的是，本书进行数据采集时，根据当前的网络安全法以及个人隐私保护的相关法规的规定，不采集姓名、联系电话、联系邮箱等敏感信息，而仅是抓取其他公开的页面信息，包括入离职时间、入离职公司名称、教育背景等合法的脱敏信息，用于本书研究。

（二）数据清洗、整理与穿行测试

1. 第一次数据清洗整理与开发计算引擎

通过数据工程师小组自主研发的"基于嵌套式硬件的智能搜索技术"对国内主要的网络招聘平台进行了抓取，获得 50 万余条脱敏简历，经过去重、虚假识别、合并等清洗技术处理后，得到 172014 条脱敏简历。

经过对这 17 万余条脱敏简历进行解析，全部统一为标准的解析格式，并归类到各自相应的企业名下，例如，编号为 ID20874899383 的简历，2015 年 6 月至 2016 年 3 月曾经在本书的观测企业"江苏绿能再生资源有限公司"工作，则该雇员归类到该企业名下。

完成了脱敏简历的清洗和解析后，本书编写程序将上述简历计算为相应指标。由于数据量和计算量比较大，需要开发单独的计算引擎进行计算。因此，数据工程师组在系统开发组的协助下，用 JAVA 语言开发了一个独立的计算引擎，对这些数据进行计算。

2. 穿行测试与第二次数据清洗整理

通过计算引擎对这些数据进行计算后，得出了 25 个数据指标的结果。本书在样本数据中随机抽样了若干公司进行穿行测试，以保证这些数据指标的计算结果正确。

这里所做的穿行测试工作，指通过人工从原 172014 条脱敏简历中提取出该公司的雇员简历，按照相应规则计算出前述的 25 个指标后，将这些人工计算的指标结果和计算引擎生成的计算结果进行比对。对于出现的差异，从人工收集的简历中逐个字段比对查找，找出错误所在，并重新调整计算引擎。

经过几轮穿行测试后，矫正了计算引擎中出现的错误。经过调整后的计算引擎生成的指标，具有了较高的准确度。

生成数据指标后，部分单元格的指标有一定程度的缺失和异常。对这些缺失值以及异常值，追溯到原始的基础表格进行了分析研究，将基础数据进行了一定程度的修补，最大限度地补正了缺失值和异常值。

三、预处理与数据检验

（一）数据预处理（R 语言数据清洗）

为了提高数据的质量，进而提高整个研究的价值，数据预处理是研究过程中必不可少的重要环节。同时因为本书收集到的数据存在较多的缺失问题，因此对缺失值采取的策略是使用 R 语言编程软件清洗掉 NA 数据，然后进行特征重构，即将原始数据整理成一个因变量 Y，25 个自变量 X1 ~ X25，对于自变量的重构方法为取五年的平均值。

（二）特征（指标）的区分度（显著性）检验

将 R 处理好导出的数据，使用统计工具软件进行初步的区分度（显著性）检验。在进行区分度检验之前，本书先进行探索性数据分析和外观识别。在探索性数据分析和外观识别中，发现 X23、X24、X25 三个指标明显不具备相关性，因此将其舍弃。然后，对其余的 22 个指标进行如下选择操作：（菜单选项）分析—比较均值—独立样本 T 检验；选择 22 个指标变量作为检验变量到"检验变量"框；选择代表不同总体的变量（X、Y 两类企业）作为分组变量到"分组变量"框；定义分组变量的分组情况"定义组"，将"好客户"和"坏客户"标记为 1 和 2。最后得到的分析结果如表 5-1 所示：

表 5-1　组统计量

	Y	个案数	平均值	标准差	标准误差平均值
X1	1	665	43.228	71.0242	2.7542
	2	106	6.292	10.3841	1.0086
X2	1	665	9.52453	1.624461	0.062994
	2	106	9.00702	3.000585	0.291443
X3	1	665	414.238	682.4181	26.4630
	2	106	62.796	106.0906	10.3044
X4	1	665	0.28600	0.2872	0.0301
	2	106	0.22383	0.1441	0.1364
X5	1	665	0.13776	0.1683	0.1920
	2	106	0.32991	0.0605	0.0603
X6	1	665	4.824	9.1071	0.3532
	2	106	0.392	1.3737	0.1334
X7	1	665	−0.18678	1.172046	0.045450
	2	106	−0.38991	0.513674	0.049892
X8	1	665	191.579	352.6635	13.6757
	2	106	31.664	54.5294	5.2964
X9	1	665	1.01718	0.671185	0.026027
	2	106	0.58460	0.562826	0.054666
X10	1	665	18.87868	13.449659	0.521555
	2	106	12.79764	12.480739	1.212237
X11	1	665	$1.1538E{-}001$	$6.54639E{-}001$	$2.53858E{-}002$
	2	106	$2.4647E{-}001$	$2.69885E{+}000$	$2.62136E{-}001$

续表

	Y	个案数	平均值	标准差	标准误差平均值
X12	1	665	31.71131	13.052135	0.506140
	2	106	37.15821	33.210713	3.225710
X13	1	665	51.895	32.6712	1.2669
	2	106	28.502	28.6764	2.7853
X14	1	665	2.257	1.3155	0.0510
	2	106	3.089	2.9909	0.2905
X15	1	665	9.59986	1.721776	0.066768
	2	106	9.10177	3.189356	0.309778
X16	1	665	$6.1230E{-}002$	$3.49425E{-}001$	$1.35501E{-}002$
	2	106	$7.9151E{-}002$	$4.55811E{-}001$	$4.42723E{-}002$
X17	1	665	2.442	4.7449	0.1840
	2	106	1.157	0.5164	0.0502
X18	1	665	0.21541	0.1551	0.0448
	2	106	0.31028	0.1278	0.0124
X19	1	665	0.17391	0.8768	0.0340
	2	106	0.35009	0.0426	0.0041
X20	1	665	5.53165	10.120971	0.392474
	2	106	0.41728	2.213782	0.215022
X21	1	665	0.03779	0.104001	0.004033
	2	106	0.00189	0.019426	0.001887
X22	1	665	−0.03450	0.110262	0.004276
	2	106	0.00000	0.000000	0.000000

表 5-1 中每个指标对于两类不同的企业（"好客户"和"坏客户"）进行个案数、平均值、标准差、标准误差平均值等描述统计量的比较。可以看出，大部分指标对两类企业的描述统计量有比较明显的差别，但这只是直观的判断。下面对 22 个指标是否对两类企业具有区别度进行显著性检验，采用的方法为独立样本 T 检验，将两类不同的企业看成两类不同的样本。具体的分析结果如表 5-2 所示。

表5-2　独立样本检验

		莱文方差等同性检验		平均值等同性t检验					差值95%置信区间	
		F	显著性	t	自由度	显著性（双尾）	平均值差值	标准误差值	下限	上限
X1	假定等方差	43.477	0	5.342	769	0	36.9355	6.9139	23.3632	50.5079
	不假定等方差			12.593	766.823	0	36.9355	2.9331	31.1777	42.6933
X2	假定等方差	58.93	0	2.642	769	0.008	0.517513	0.195879	0.132993	0.902034
	不假定等方差			1.736	115	0.085	0.517513	0.298173	-0.073109	1.108136
X3	假定等方差	42.636	0	5.289	769	0	351.442	66.4451	221.0066	481.8773
	不假定等方差			12.375	768.845	0	351.442	28.3985	295.6942	407.1897
X4	假定等方差	47.213	0	5.577	769	0	10.217	1.8321	6.6205	13.8134
	不假定等方差			13.314	757.858	0	10.217	0.7674	8.7105	11.7235
X5	假定等方差	37.776	0	4.685	769	0	5.7851	1.2347	3.3613	8.2089
	不假定等方差			11.179	758.41	0	5.7851	0.5175	4.7692	6.801
X6	假定等方差	45.073	0	4.999	769	0	4.4319	0.8866	2.6914	6.1724
	不假定等方差			11.739	768.119	0	4.4319	0.3775	3.6908	5.173
X7	假定等方差	28.722	0	1.757	769	0.079	0.203124	0.115618	-0.023841	0.430089
	不假定等方差			3.01	317.05	0.003	0.203124	0.06749	0.070338	0.335909

续表

		莱文方差等同性检验		平均值等同性 t 检验					差值95%置信区间	
		F	显著性	t	自由度	显著性（双尾）	平均值差值	标准误差	下限	上限
X8	假定等方差	39.351	0	4.657	769	0	159.9148	34.3371	92.5091	227.3205
	不假定等方差			10.904	768.756	0	159.9148	14.6655	131.1257	188.7039
X9	假定等方差	5.765	0.017	6.291	769	0	0.432581	0.068758	0.297606	0.567556
	不假定等方差			7.145	156.726	0	0.432581	0.060546	0.312989	0.552173
X10	假定等方差	3.743	0.053	4.365	769	0	6.081041	1.393212	3.346092	8.815991
	不假定等方差			4.608	146.676	0	6.081041	1.319673	3.473011	8.689071
X11	假定等方差	10.343	0.001	-1.073	769	0.284	-1.31E-01	1.22E-01	-3.71E-01	1.09E-01
	不假定等方差			-0.498	106.977	0.62	-1.32E-01	2.63E-01	-6.53E-01	3.91E-01
X12	假定等方差	56.04	0	-3.019	769	0.003	-5.446899	1.804469	-8.989169	-1.904629
	不假定等方差			-1.668	110.223	0.098	-5.446899	3.265177	-11.917568	1.023769
X13	假定等方差	1.329	0.249	6.956	769	0	23.3932	3.3629	16.7916	29.9947
	不假定等方差			7.645	151.916	0	23.3932	3.0599	17.3477	29.4386
X14	假定等方差	60.509	0	-4.823	769	0	-0.8312	0.1723	-1.1696	-0.4929
	不假定等方差			-2.818	111.558	0.006	-0.8312	0.2949	-1.4157	-0.2468

续表

		莱文方差等同性检验		平均值等同性 t 检验					差值95%置信区间	
		F	显著性	t	自由度	显著性（双尾）	平均值差值	标准误差值	下限	上限
X15	假定等方差	57.111	0	2.397	769	0.017	0.498088	0.20782	0.090127	0.906049
	不假定等方差			1.572	114.943	0.119	0.498088	0.316891	-0.129616	1.125792
X16	假定等方差	3.277	0.071	-0.468	769	0.64	-1.79E-02	3.83E-02	-9.30E-02	5.72E-02
	不假定等方差			-0.387	125.419	0.699	-1.79E-02	4.63E-02	-1.10E-01	7.37E-02
X17	假定等方差	47.032	0	4.952	769	0	2.2855	0.4616	1.3795	3.1916
	不假定等方差			11.984	740.491	0	2.2855	0.1907	1.9111	2.6599
X18	假定等方差	42.775	0	4.566	769	0	0.5131	0.1124	0.2925	0.7336
	不假定等方差			11.038	742.226	0	0.5131	0.0465	0.4218	0.6043
X19	假定等方差	52.913	0	4.48	769	0	0.3818	0.0852	0.2145	0.5491
	不假定等方差			11.148	682.867	0	0.3818	0.0343	0.3146	0.4491
X20	假定等方差	86.979	0	5.18	769	0	5.114371	0.987286	3.176275	7.052467
	不假定等方差			11.428	715.046	0	5.114371	0.447516	4.235769	5.992973
X21	假定等方差	53.783	0	3.542	769	0	0.0359	0.010135	0.016005	0.055795
	不假定等方差			8.063	757.109	0	0.0359	0.004453	0.027159	0.04464
X22	假定等方差	54.89	0	-3.22	769	0.001	-0.034502	0.010715	-0.055537	-0.013467
	不假定等方差			-8.069	664	0	-0.034502	0.004276	-0.042898	-0.026107

从分析结果中可以看出，X10、X13、X16 的方差齐次性检验中 P 值大于 0.05，因此在显著性水平为 0.05 的条件下不能拒绝同方差原假设，因此认为三个指标的两个总体的方差一致，进行 T 检验时看"假设方差相等"。对于其他的 19 个指标，由于 P 值小于 0.05，因此拒绝同方差原假设，即认为 19 个指标对应的两个总体的方差不相等，因此进行 T 检验时看"假设方差不相等"。

同理，表 5-2 给出了 T 统计量的观测值，以及对应的 P 值。可以看出 X2、X11、X12、X15、X16 这 5 个指标对应的 P 值均大于 0.05，因此在显著性水平为 0.05 的条件下，没有充足的理由拒绝原假设（假设两个总体是没有显著性差异的），即认为 5 个指标对于区分两个总体没有统计学上的显著性差异，因此在建模时应该将其删掉。同理，可以看出其他的 17 个指标对应的 P 值都小于 0.05，因此在显著性水平为 0.05 的条件下有充足的理由拒绝原假设（假设两个总体是没有显著性差异的），即认为 17 个指标对于区分两个总体有显著性差异，因此在建模时应该将其保留。

（三）指标的相关性分析

相关性分析指通过分析有相关关系的多个变量，判断其相关性的强弱。如果两个变量是分类变量或者有一个是分类变量，则需要用 Spearman 相关分析，如果两个变量是连续性的变量，则 Pearson 分析方法更加适合。

由于本书指标都是连续性的指标，因此使用 Pearson 相关分析分别探索前文得出的 17 个显著性指标间的相关性，以判断各个指标是否具有高相关关系，信息是否具有重叠。SPSS 分析得出的结果如表 5-3 所示。

由表 5-3 各指标之间的相关性分析结果可知，在显著性水平为 0.05 的条件下，检验的 P 值全部小于 0.05，因此在统计意义上认为两者间的相关关系显著，即两者相关，同时也可以看出，较多指标间存在高相关关系可能具有多重共线性，因此下文建模过程中应该对具有高相关关系的指标进行降维处理，从而减少指标高相关关系对模型的影响。

表5-3　相关性分析

		X1	X3	X4	X5	X6	X7	X8	X9	X10	X13	X14	X17	X18	X19	X20	X21	X22
X1	皮尔逊相关性	1	0.998**	0.950**	0.955**	0.643**	0.054	0.954**	0.404**	0.345**	0.468**	-0.118	0.821**	0.737	0.785**	0.577**	0.467**	-0.326**
	显著性（双尾）		0.000	0.000	0.000	0.000	0.137	0.000	0.000	0.000	0.000	0.001	0.000	0.000	0.000	0.000	0.000	0.000
	个案数	771	771	771	771	771	771	771	771	771	771	771	771	771	771	771	771	771
X3	皮尔逊相关性	0.998**	1	0.933**	0.942**	0.627**	-0.061	0.953**	0.404**	0.360**	0.478**	-0.117**	0.823**	0.723**	0.783**	0.584**	0.465**	-0.326**
	显著性（双尾）	0.000		0.000	0.000	0.000	0.093	0.000	0.000	0.000	0.000	0.001	0.000	0.000	0.000	0.000	0.000	0.000
	个案数	771	771	771	771	771	771	771	771	771	771	771	771	771	771	771	771	771
X4	皮尔逊相关性	0.950**	0.933**	1	0.908**	0.812**	0.043	0.852**	0.374**	0.240**	0.405**	-0.114**	0.790**	0.799**	0.725**	0.492**	0.426**	-292**
	显著性（双尾）	0.000	0.000		0.000	0.000	0.229	0.000	0.000	0.000	0.000	0.002	0.000	0.000	0.000	0.000	0.000	0.000
	个案数	771	771	771	771	771	771	771	771	771	771	771	771	771	771	771	771	771
X5	皮尔逊相关性	0.955**	0.942**	0.908**	1	0.493**	-0.108**	0.971**	0.399**	0.315**	0.408**	-0.119**	0.758**	0.677**	0.776**	0.557**	0.487**	-332**
	显著性（双尾）	0.000	0.000	0.000		0.000	0.003	0.000	0.000	0.000	0.000	0.001	0.000	0.000	0.000	0.000	0.000	0.000
	个案数	771	771	771	771	771	771	771	771	771	771	771	771	771	771	771	771	771
X6	皮尔逊相关性	0.643**	0.627**	0.812**	0.493**	1	0.240**	0.417**	0.220**	0.061	0.273**	-0.071*	0.563**	0.717**	0.425**	0.247**	0.205**	-0.145**
	显著性（双尾）	0.000	0.000	0.000	0.000		0.000	0.000	0.000	0.091	0.000	0.049	0.000	0.000	0.000	0.000	0.000	0.000
	个案数	771	771	771	771	771	771	771	771	771	771	771	771	771	771	771	771	771
X7	皮尔逊相关性	-0.054	-0.061	0.043	-0.108**	0.240**	1	-0.138**	-0.134**	-0.166**	-0.025	0.018	-0.008	0.071*	-0.115**	-0.138**	-0.043	0.060
	显著性（双尾）	0.137	0.093	0.229	0.003	0.000		0.000	0.000	0.000	0.493	0.622	0.819	0.049	0.001	0.000	0.236	0.094
	个案数	771	771	771	771	771	771	771	771	771	771	771	771	771	771	771	771	771
X8	皮尔逊相关性	0.954**	0.953**	0.852**	0.971**	0.417**	-0.138**	1	0.421**	0.407**	0.459**	-0.111**	0.774**	0.631**	0.794**	0.608**	0.495**	-0.336**
	显著性（双尾）	0.000	0.000	0.000	0.000	0.000	0.000		0.000	0.000	0.000	0.002	0.000	0.000	0.000	0.000	0.000	0.000
	个案数	771	771	771	771	771	771	771	771	771	771	771	771	771	771	771	771	771
X9	皮尔逊相关性	0.404**	0.404**	0.374**	0.399**	0.220**	-0.134**	0.421**	1	0.722**	0.589**	-0.130**	0.336**	0.276**	0.326**	0.386**	0.256**	-0.216**
	显著性（双尾）	0.000	0.000	0.000	0.000	0.000	0.000	0.000		0.000	0.000	0.000	0.000	0.000	0.000	0.000	0.000	0.000
	个案数	771	771	771	771	771	771	771	771	771	771	771	771	771	771	771	771	771
X10	皮尔逊相关性	0.345**	0.360**	0.240**	0.315**	0.061	-0.166**	0.407**	0.722**	1	0.577**	-0.049	0.294**	0.183**	0.299**	0.401**	0.227**	-0.212**
	显著性（双尾）	0.000	0.000	0.000	0.000	0.091	0.000	0.000	0.000		0.000	0.176	0.000	0.000	0.000	0.000	0.000	0.000
	个案数	771	771	771	771	771	771	771	771	771	771	771	771	771	771	771	771	771

续表

		X1	X3	X4	X5	X6	X7	X8	X9	X10	X13	X14	X17	X18	X19	X20	X21	X22
X13	皮尔逊相关性（双尾）	0.468**	0.478**	0.405**	0.408**	0.273**	-0.025	0.459**	0.589**	0.577**	1	-0.032	0.393**	0.297**	0.330**	0.381**	0.224**	-0.224**
	显著性（双尾）	0.000	0.000	0.000	0.000	0.000	0.493	0.000	0.000	0.000		0.382	0.000	0.000	0.000	0.000	0.000	0.000
	个案数	771	771	771	771	771	771	771	771	771	771	771	771	771	771	771	771	771
X14	皮尔逊相关性（双尾）	-0.118**	-0.117**	-0.114**	-0.119**	-0.071*	0.018	-0.111**	-0.130**	-0.049	-0.032	1	-0.093*	-0.079*	-0.092*	-0.104*	-0.079*	0.073*
	显著性（双尾）	0.001	0.001	0.002	0.001	0.049	0.622	0.002	0.000	0.176	0.382		0.010	0.028	0.011	0.004	0.028	0.042
	个案数	771	771	771	771	771	771	771	771	771	771	771	771	771	771	771	771	771
X17	皮尔逊相关性（双尾）	0.821**	0.823**	0.780**	0.758**	0.563**	-0.008	0.774**	0.336**	0.294**	0.393**	-0.093*	1	0.873**	0.892**	0.645**	0.513**	0.322**
	显著性（双尾）	0.000	0.000	0.000	0.000	0.000	0.819	0.000	0.000	0.000	0.000	0.010		0.000	0.000	0.000	0.000	0.000
	个案数	771	771	771	771	771	771	771	771	771	771	771	771	771	771	771	771	771
X18	皮尔逊相关性（双尾）	0.737**	0.723**	0.799**	0.677**	0.717**	0.071*	0.631**	0.275**	0.183**	0.297**	-0.079*	0.873**	1	0.759**	0.437**	0.372**	-0.225**
	显著性（双尾）	0.000	0.000	0.000	0.000	0.000	0.049	0.000	0.000	0.000	0.000	0.028	0.000		0.000	0.000	0.000	0.000
	个案数	771	771	771	771	771	771	771	771	771	771	771	771	771	771	771	771	771
X19	皮尔逊相关性（双尾）	0.785**	0.783**	0.725**	0.776**	0.425**	-0.115**	0.794**	0.325**	0.299**	0.330**	-0.092*	0.892**	0.759**	1	0.731**	0.561**	-0.301**
	显著性（双尾）	0.000	0.000	0.000	0.000	0.000	0.001	0.000	0.000	0.000	0.000	0.011	0.000	0.000		0.000	0.000	0.000
	个案数	771	771	771	771	771	771	771	771	771	771	771	771	771	771	771	771	771
X20	皮尔逊相关性（双尾）	0.577**	0.584**	0.492**	0.567**	0.247**	-0.138**	0.608**	0.386**	0.401**	0.381**	-0.104*	0.645**	0.437**	0.731**	1	0.678**	-0.425**
	显著性（双尾）	0.000	0.000	0.000	0.000	0.000	0.000	0.000	0.000	0.000	0.000	0.004	0.000	0.000	0.000		0.000	0.000
	个案数	771	771	771	771	771	771	771	771	771	771	771	771	771	771	771	771	771
X21	皮尔逊相关性（双尾）	0.467**	0.465**	0.426**	0.487**	0.205**	-0.043	0.495**	0.256**	0.227**	0.224**	-0.079*	0.513**	0.372**	0.561**	0.678**	1	-0.464**
	显著性（双尾）	0.000	0.000	0.000	0.000	0.000	0.236	0.000	0.000	0.000	0.000	0.028	0.000	0.000	0.000	0.000		0.000
	个案数	771	771	771	771	771	771	771	771	771	771	771	771	771	771	771	771	771
X22	皮尔逊相关性（双尾）	-0.326**	-0.326**	-0.292**	-0.332**	-0.145**	0.060	-0.336**	-0.216**	-0.212**	-0.224**	0.073*	-0.322**	-0.225**	-0.301**	-0.425**	-0.464**	1
	显著性（双尾）	0.000	0.000	0.000	0.000	0.000	0.094	0.000	0.000	0.000	0.000	0.042	0.000	0.000	0.000	0.000	0.000	
	个案数	771	771	771	771	771	771	771	771	771	771	771	771	771	771	771	771	771

注：** 表示在 0.01 级别（双尾），相关性显著；* 表示在 0.05 级别（双尾），相关性显著。余表同。

四、建立信用评分卡预警模型

上文对数据指标进行了显著性（相关性）检验，本节对数据构建评分卡模型。

评分卡的主要环节是完成 WOE 分箱转换后再做 Logistic 回归。数据将先进行证据权重转换（WOE），使得自变量具有了标准化的特征，然后将Logistic 的结果转换成一个汇总表。本书将建模数据集切分为训练集与测试集，双方比例为 7∶3。

（一）逻辑回归模型建立与修正

逻辑回归模型的建立与修正主要采用逐步回归的方法。逐步回归的思想是将变量逐个引入模型，当原来引入的解释变量由于后面解释变量的引入变得不再显著时，则将其删除，以确保每次引入新的变量之前回归方程中只包含显著性变量。这是一个反复的过程，直到既没有显著的解释变量选入回归方程，也没有不显著的解释变量从回归方程中剔除为止，以保证最后所得到的解释变量集中，全部自变量对于因变量都是显著的，此时的解释变量集最优。

1. 筛选模型

用筛选出来的自变量进行逻辑回归，发现逻辑回归后所得到的回归模型中有较多自变量不显著，而显著的自变量其显著程度也不明显，因此需要以逐步删除不显著自变量等方式进行模型修正，以实现保留在模型中的全部自变量对于因变量均显著（见表 5-4）。

2. 模型修正 1：应用双向逐步回归算法修正

通过采用双向逐步回归算法进行调整后，模型结果得到了很大改进，不

表 5-4　逻辑回归

	Estimate	Std. Error	z value	Pr（>│z│）
（Intercept）	−0.883467	0.297261	−2.972	0.00296**
X1	−2.170652	0.671819	−3.231	0.00123**
X3	0.176270	0.055637	3.168	0.00153**
X4	0.594004	0.300053	1.980	0.04774*
X5	1.311654	0.528978	2.480	0.01315*
X6	NA	NA	NA	NA
X7	−0.060753	0.280184	−0.217	0.82834
X8	0.008402	0.013374	0.628	0.52985
X9	−0.496391	0.364166	−1.363	0.17285
X10	0.013386	0.022135	0.605	0.54536
X13	−0.001955	0.007889	−0.248	0.80425
X14	0.134205	0.069299	1.937	0.05279
X17	−0.126833	0.406625	−0.312	0.75510
X18	−0.207829	1.571485	−0.132	0.89479
X19	−13.820195	9.473645	−1.459	0.14462
X20	0.096922	0.128409	0.755	0.45037
X21	23.216733	9.841012	2.359	0.01832*
X22	47.463736	70.112706	0.677	0.49843

过发现仍有 X4、X19、X22 这 3 个标灰的自变量不显著，因此需要进一步对其进行修正，如表 5-5 所示。

表 5-5　修正（一）

	Estimate	Std. Error	z value	Pr（>│z│）
（Intercept）	−0.93126	0.25718	−3.621	0.000293***
X1	−2.20941	0.67319	−3.282	0.001031**
X3	0.18240	0.05591	3.262	0.001105**
X4	0.47003	0.27410	1.715	0.086379
X5	1.49307	0.44063	3.388	0.000703***

续表

	Estimate Std. Error z value Pr（>｜z｜）			
X14	0.12667	0.06372	1.988	0.046818*
X19	-9.13339	4.73642	-1.928	0.053814
X21	20.98858	9.14327	2.296	0.021703*
X22	43.39378	47.94991	0.905	0.365475

3. 模型修正2

本步骤直接逐个去掉逐步回归后不显著的变量。去掉最不显著的 X22，回归结果如表5-6所示。

表5-6　修正（二）

	Estimate Std. Error z value Pr（>｜z｜）			
（Intercept）	-0.9243	0.2568	-3.600	0.000318***
X1	-2.1550	0.6610	-3.260	0.001113**
X3	0.1768	0.0547	3.232	0.001231**
X4	0.4762	0.2734	1.742	0.081498
X5	1.4982	0.4394	3.410	0.000650***
X14	0.1263	0.0635	1.989	0.046755*
X19	-9.3684	4.8025	-1.951	0.051089
X21	10.2392	7.0747	1.447	0.147814

此时发现仍然有不显著的变量 X4、X19、X21，因此再去掉最不显著的变量，如表5-7所示。

表5-7　修正（三）

	Estimate Std. Error z value Pr（>｜z｜）			
（Intercept）	-0.95187	0.25655	-3.710	0.000207***
X1	-2.14376	0.65206	-3.288	0.001010**
X3	0.17549	0.05395	3.253	0.001143**

Estimate Std. Error z value Pr（>｜z｜）			
X4	0.47944	0.26934	1.780	0.075064
X5	1.52667	0.43755	3.489	0.000485***
X14	0.12731	0.06357	2.003	0.045191*
X19	−6.41782	3.15919	−2.031	0.042207*

最后发现仅剩 X4 不显著，因此去除 X4 得到最终的逻辑回归结果如表 5-8 所示。

表 5-8　修正（四）

Estimate Std. Error z value Pr（>｜z｜）			
（Intercept）	−0.92254	0.25481	−3.620	0.000294***
X1	−1.12467	0.27831	−4.041	5.32e−05***
X3	0.09233	0.02430	3.799	0.000145***
X5	0.93887	0.27179	3.454	0.000551***
X14	0.12594	0.06311	1.996	0.045981*
X19	−6.32500	3.07780	−2.055	0.039875*

此时 5 个自变量 X1、X3、X5、X14、X19 全部变为显著，因此，成功地实现了保留在模型中的全部自变量对于因变量都是显著的。

（二）WOE 转换

证据权重转换，即 WOE 分箱，能将 Logistic 回归模型转化为标准化的评分卡的格式。一般是对进入该模型的定量或定性指标，将其划分为分段的连续变量，从而能够计算 WOE 并进行降维。具体公式如下：

WOE（）= ln［（违约/总违约）/（正常/总正常）］

于是，本书通过上面的 Logistic 回归，对 X1、X3、X5、X14、X19 这 5 个自变量进行 WOE 转换。

图 5-2 是分箱结果示例，后续再计算 WOE 值，对变量进行 WOE 转换。

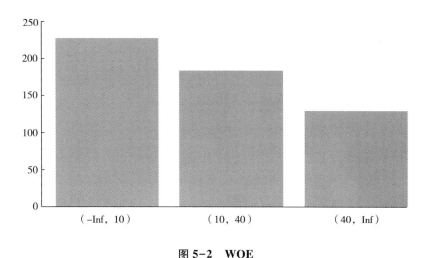

图 5-2　WOE

（三）评分卡的创建和实施

在评分卡中，每个变量都是基于一系列 IF-THEN 法则，这是标准化评分卡所遵守的格式。每个变量的值决定了该变量分配的分值，各个变量的分值之和就是总分。

根据线性表达式的两个参数 A、B，可以求出每条记录（申请人）的分值。为了求得 A、B，现需要进行假设。

这种假设是一种预设的值，即评分需要自己预设一个阈值。该阈值的预设数值大小主要取决于设定数值者的行业经验，也可以根据多名专家的建议而进行具体阈值的设置。无论如何设置该值，一般而言，后期均需要做出分数的跟踪、调整和优化。

现用 q、p 代表 A、B。假设按好坏比 15 为 600 分，每高 20 分好坏比翻一倍算出 q、p。当然，假如区分效果不太显著的话，可以每高更多的分数如 30 分才能将好坏比翻一倍。于是：

$\text{Score} = q - p \times \log(\text{odds})$

即有方程：

$620 = q - p \times \log(15)$

$600 = q - p \times \log(15/2)$

总评分＝基础分＋各部分得分

每个企业的基础分为 559。

经过计算后，我们得到如表 5-9 所示的结果。

表 5-9　汇总评分卡

变量	取值	得分	基本分
X1 企业在职人数	≤10	-10	
	10<…≤40	14	
	>40	21	
X3 在职人数的 工作时长总和	≤100	-9	
	100<…≤300	12	
	>300	23	
X5 雇员离职率	≤0.10	10	559
	0.10<…≤0.70	4	
	>0.70	-4	
X14 雇员历史最快流动性	≤10	-5	
	10<…≤30	7	
	>30	10	
X19 高管级雇员的离职率	>0.36	-17	
	0.36≥…>0	-5	
	…=0	5	

（四）模型评估

使用得出的模型，结合本书划分的测试集合对建立的逻辑回归模型进行评估。

　　评价二值分类器预测效果的准确性大小，一般主要是由 ROC 曲线以及 AUC 对二值分类器的准确性进行评价。通常来说，二值分类器不只产生一个二值分类结果，也就是说，不是只产生 0~1 的结果。本书可采用一个临界值判断哪些是好，哪些是坏，然后，建立一个混淆矩阵，判断二值分类器的预测值的准确性。这个矩阵也收集训练数据，对角线的数字表示预测正确的数。此时，可以计算出真正率（也被称为"灵敏度"，TPR）以及真负率（也被称为"特异度"，TNR）。所以，选择什么样的临界点，也会对真正率和真负率产生较大影响。

　　假设本书选择一批临界点，会产生一批真正率和真负率，经过连线后形成 ROC 曲线。一般采用"1-真负率"作为横坐标，以真正率作为纵坐标，这就是 ROC 曲线，这样本书可以对二值分类器的性能进行评价。

　　由于 ROC 曲线对二值分类器的评价并不是很准确，所以设定了 AUC 指标。ROC 曲线下面的面积，被称为 AUC。AUC 的取值一般在 0.5~1。AUC 能够更好地判断二值分类器的准确性。

　　现用 R 语言中的 ROC 包画出曲线（见图 5-3）。从图 5-3 中可以看出，该曲线对本次建模的评价较好，模型的预测效果比较准确。

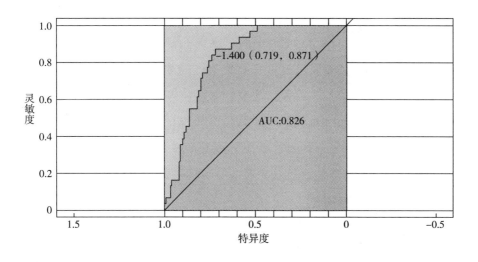

图 5-3　ROC 效果

五、评分卡建模结果分析

上述评分卡的读取规则是：分数越高，企业的信用风险越低。从上述评分卡模型结果中可见，5 个假设模块中有 4 个模块是有效的，分别是雇员司龄、雇员数量、雇员历史背景、高管级雇员。在 22 个假设指标中有部分指标进入了评分卡，分别是企业在职人数、在职人数的工作时长总和、雇员离职率（雇员流出率）、雇员历史最快流动性（职业生涯中最短三次工作时长的平均数）、高管级雇员的离职率。

这些指标符合前文的推导结论。正如本书第三章的 QSIM 定性仿真模型的分析结论所述，当企业存在重大风险时，其风险环境将向企业内部传导各种压力，促使不同的雇员群体在离职思考和离职行为上产生不同的决策。根据本书第四章关于这种压力在企业内的传导机制的理论研究中可见，这种压力不仅直接作用于不同雇员群体从而产生群体离职，而且会在结构上改变现有雇员群体的构成。

（1）雇员的在职人数变动对企业重大信用风险有预警意义。从 X1"企业在职人数"这个指标结果看，它在评分卡中和企业重大信用风险呈负相关。这说明，雇员在职人数规模大的科技型企业，其稳定性和规模、实力比在职人数少的企业要强，风险要低。主要原因是科技企业属于知识密集型和技术密集型企业，企业雇员数量多规模大，那么这家企业的技术能力和研发能力很可能更强，其形成的科技核心竞争力也更强，产品更有竞争力，企业抵御风险的能力更强。

（2）雇员的在职工作时长总和的变动对企业重大信用风险有预警意义。从 X3"在职人数的工作时长总和"这个指标结果看，它在评分卡中和企业重大信用风险呈负相关。这说明，雇员是科技企业的宝贵财富。雇员中工作时间比较长的老雇员越多，说明这个科技企业的积淀越多，信用风险越小；当这个指标呈现下降时，也就是说，不仅新入职的雇员发生离职了，老雇员也在纷纷离职，意味着科技企业已经酝酿着重大的信用风险，这些重大风险在老雇员看来，已经成为难以逆转的问题，于是在公司内长期稳定的老雇员开始离开公司，从而直接导致了雇员司龄的整体下降。

（3）雇员的离职率对企业重大信用风险有预警意义。从 X5"雇员离职率"这个指标结果看，它在评分卡中和企业重大信用风险呈正相关。离职增加人数多的，企业重大风险信号强；离职增加人数少的，企业重大风险信号弱。这和实际情况比较相符，当企业内部酝酿重大风险时，会促成当年的人员流动频率增加，出现更多的雇员离开公司。

（4）雇员的历史最快流动性对企业重大信用风险有预警意义。从 X14"雇员历史最快流动性"这个指标结果看，该指标的计算方式是雇员职业生涯中最短三次工作时长的平均数，它和企业重大信用风险呈负相关。也就是说，一个企业中，短期历史离职背景少的职员是不易离职的人群，因为他没有太多短期离职的经历，不容易像路径 1 那样触发离职的场景，这种人群越多，说明企业风险越小。当企业中这样的人少了，说明这些雇员都已经离职了，表明这类群体已经看淡企业的前景，不得不改变人生轨迹，寻找新的职业机会，说明企业的风险已经很大。

（5）雇员中高管人员的离职率对企业重大信用风险有预警意义。从 X19"高管级雇员的离职率"这个指标结果看，该指标和企业重大信用风险呈正相关。由于高管级雇员具有更高层面的信息来源和更专业敏锐的判断力，在企业重大风险发生前，高管级雇员的动向会出现类似风向标的作用。因此，重大信用风险发生之前，往往出现高管级雇员陆陆续续的集体性离职。我们在数值上可以看到，当高管级雇员离职率大于 36% 时，减分17 分，说明一家科技企业的高管级雇员如果超过 36% 都在当年离职了，表示该企业存在严重问题，导致其吸引力急剧下降，风险概率骤增。当然，这和上述其他指标一样，只是一个单一指标，并不是高管级雇员离职率超过36%就必然存在重大风险，具体该企业是否存在重大风险，还需要结合其他指标进行综合评分，以判断企业的风险程度。

（6）从未进入评分卡模型的指标结果来看，学历、工龄、年龄这些属于雇员的人口统计学指标，均在探索性数据分析阶段中就被发现明显不具备相关性，因而被舍弃。经过对样本数据的进一步分析发现，样本企业的三项指标的数据分布状况，与企业的好坏状况没有必然关联。其基本原因应为各家企业的产品与市场有不同的特点，各家企业的商业模式与企业文化各不相同，在这些不同特点的企业中，雇员的上述人口统计学特征并不是影响企业好坏的重要因素，因为不同雇员的人口特征群体可能适应于不同特点企业的生产运营，所以，企业雇员的学历、工龄、年龄等纯粹的人口统计学特征，对于好坏客户的区分度不具备或者非常有限，其区分效果低于预警所需水平，即不能对隐含重大信用风险的企业进行有效预警。

六、本章小结

第四章解决的是"企业重大风险如何导致群体离职"的问题，本章解决的是"企业重大风险如何从群体离职中预警"的问题，研究企业重大信用风险能够通过哪些群体离职特征判断出来。

本章以信用风险管理理论和震撼模型、映像理论、嵌入理论为基础，结合第四章的 QSIM 定性仿真模型的结论，对面临着 12 种明细风险之一为主要风险的企业，就其群体离职现象的特征进行推导，并归纳总结了相应的离职特征指标等 8 个模块表现出来。其表现的系列假设，成为上述风险企业存在重大信用风险的预警假设信号。

本章将理论推导形成的风险企业的雇员离职特征的若干假设进行了模型构建和检验，以此作为风险预警模型。首先，解释了信用评分卡模型的适用性，并对建模技术路线做出规划；其次，介绍了样本数据的规划、收集和清洗的整个过程，重点介绍了数据的规划和收集工作；再次，通过对特征指标的区分度检验，以及对样本的相关性分析，对样本数据进行了预处理和数据检验；最后，采用 WOE 分箱技术和回归技术，建立了信用评分卡模型（Credit Scorecard Model），理论假设中的系列指标中有若干指标成功进入了评分卡，经检验，效果良好，因此完成了预警模型的构建与检验工作。

第六章

基于 A 科技集团的案例分析

A 科技集团是一家近年创立和发展起来的多元化科技企业,创始人团队基本均为北大清华毕业的外资银行从业人员及科技创业者,集团的注册所在地和集团总部均位于北京。该集团是在我国新金融日益活跃的背景下,依托金融科技为主要基础,包含金融科技、生物医药、科技制造业、产业地产等在内的一家多元化科技集团。A 没有以"集团公司"冠名,但其下属的公司有四五十家,而且在上述的行业中都有实际运行的公司,包括一家知名金融科技公司、两家深圳 A 股上市公司、一家财富管理公司、若干家生物医药公司、一家软件研发企业、若干家电子制造企业、一家省级金交所、十余家持牌金融公司等,经营着金融、房地产开发、电煤和塑料的贸易流通、生物医药、制造业、艺术品等多种行业的业务,形成了实质上的集团化企业群。为了便于统一称呼,本书将这些公司统称为 A 科技集团(以下简称 A 集团)。

A 集团发展的宏观背景是我国新旧金融体系在金融市场上的此消彼长。随着我国金融需求的急剧扩大化、金融竞争的激烈化以及金融产品的复杂化,中国以银行为主体的单一性的金融体系,日益难以满足上述的要求。而在过去几十年经济层面宽松的大环境下,基于分业监管体系下的我国金融监管机构也对各类金融创新以及金融新业态采取比较宽松的监管态度,新金融在此环境下应运而生,出现了急剧的发展。

A 集团筹建和成立于 2012 年,短期内迅速发展成为互联网金融行业在当年的全国前十强，拥有 500 万投资人会员，其中 30 万为活跃投资人会员，高峰时期每年项目投融资金额为 180 亿元，并且向科技实体产业延伸，在国内不同的省份经营着生物医药、煤炭塑料大宗贸易、科技制造等企业，并在国外开设有子公司。随着 2016 年 8 月 24 日监管机构出台《网络贷款中介平台管理暂行规定》，行业政策发生重大逆转，A 集团的业务发展受到较大冲击，并于 2017 年上半年开始向互联网财富管理与供应链金融方面转型。但随着金融监管政策在互联网领域的各方面管制的收紧，转型不顺利。2017 年前后，A 集团在证券二级市场操作的包括苏州、厦门等地上市公司在内的多个证券类项目被中国证监会发出警告函或者立案调查，被套牢部分资金，部分核心合伙人与高管层及雇员开始陆续离职。从 2018 年开始，随着社会经济环境的下行，A 集团收入锐减，资产坏账剧增，导致资金链更加紧张，被迫主动发起和被动面对大量民事司法诉讼，并且新老雇员开始大量离职，多个下属公司被关闭，集团陷入重大信用风险爆发后的危机之中。

用 A 集团来做案例分析的意义在于：第一，A 集团显现了企业从发展壮大到出现风险萌芽，到产生重大信用风险的一个完整的例子，能够很直观地看到一个典型的企业发展轨迹和存在问题；第二，A 集团的雇员有一定的数量，能够展现人员流动的各种特征和指标，便于比较分析；第三，A 集团是一家以科技为主业的企业，因此企业雇员的网络数据相比其他传统企业如工厂、酒店的雇员数据，能够更好获得，便于对雇员的离职行为实施数据分析。

一、A集团的发展与雇员离职现象的概述与分析

（一）企业发展情况概述与分析

1. 初创阶段

A 集团的第一家公司成立于 2013 年，成立的背景是包括互联网金融

在内的新金融在国内蓬勃发展，国内金融市场的金融管制呈现宽松局面。A 集团的创始团队主要来自金融和 IT 两个领域。A 集团开发和运营了自己的网贷平台。在网贷平台成立之初，创始团队原认为一年募集到 2000 万元左右的资金已经是很高的指标，但平台开始运营后，投资人的投入资金速度远超预期，仅半年多的时间，平台的资金已经超数亿元，之后发展非常迅猛，每年筹集资金达几百亿元。集团控股了一家省级金融资产交易所、两家 A 股上市公司，成立了三家融资担保公司、两家保理公司、两家融资租赁公司、两家小贷公司、三家资产管理公司、一家艺术品金融公司等，另外全资控股了数十家外围公司，在全国互联网金融行业中排名前十强。

和集团迅速增长的资金规模相对比的另一项重要支柱性工作，是集团的资产业务，早期主要是信贷业务，将这些钱向外做贷款或投资，以获得收益，收益一部分归还资金利息以及公司运营成本，剩下部分为公司利润。

由于我国传统的金融体系是银行为主，银行的存款利息很低，所以，网贷平台虽然在资金市场上以高额收益能够募集到资金，但是在贷款市场的竞争却远比资金市场要激烈得多，同时面临更多的风险。

A 集团在初创阶段，由于行业战略定位经验不足，将发展方向定位于竞争激烈的中小企业信贷市场，但在这方面始终没有找到可行的业务模式和风控措施。于是，在开展了近三年的中小企业信贷业务后，A 集团的规模迅速扩大，但也急剧出现了大量的信贷坏账。为了清理不良贷款，A 集团不得不介入借款企业的经营事务中，陆续收购了一批借款企业的资产或者控股一批借款企业，从而被迫开展科技产业园开发、医药卫生项目、物流项目等，导致 A 集团业务全面陷入被动。

2. 壮大阶段

2015 年底，A 集团将主要业务转向上市公司，即向上市公司发放信用贷款。这种思路在当时是比较创新的。因为上市公司一般有较多的融资渠道，市场普遍认为上市公司都是不缺资金的，但实际上，从资本市场的实务角度看，上市公司需要信用贷款资金是缘于中国的上市公司和欧美的上市公司在深层的差异。因为中国资本市场的不少上市公司在资本市场进行资本运营，需要灵活性的资金支持。此外，上市公司在银行、券商、信托等处的资金来源和其实际的资金用途两者之间会存在一定的时间错配和金额错配，也需要一定的外部资金来解决错配问题。而在这方面的风险控制问题上，上市公司即使出现资金短缺难以及时偿还贷款，违约的风险也很小，主要原因有两点：一是违约带来的声誉风险会使上市公司这个壳大幅贬值，所以上市公司的大股东会尽量想办法归还借款；二是上市公司大股东的资金筹措渠道和资本运作渠道一般较多，对于非大额的借款基本都能够归还。

A 集团的业务向上市公司信用贷款方向调整后，业务取得了非常大的飞跃，累计放款数百亿元，年度的信贷不良率低于 1%，这在业内是一个相当罕见的风控水平。A 集团在新的业务大方向下，人员与业务规模不断扩大、企业管理水平不断提高。

3. 危机阶段

2016 年 8 月 24 日，中国银监会等十部委发布《网络借贷信息中介机构业务活动管理暂行办法》（以下简称《暂行办法》），对网络贷款平台提出了一系列规定，包括个人贷款不能超过 20 万元，企业贷款不能超过 100 万元等规定。该规定的出台意味着该行业的政策出现大幅调整和标志性的转折，例如不能再从事上市公司信贷这种大额业务了。《暂行办法》在未来虽有一年的缓冲期，但短期一年内要调整到位，对于绝大多数网贷平台来说，难度非常大。因此，A 集团也走上了转型之路。

A 集团的转型，主要有几个方面：一是部分线上业务转为线下业务；二是部分线上业务从网贷转为互联网财富；三是大力开展小微供应链金融业务；四是取得能便于开展网络借贷业务的牌照。

但是，在这转型期间，A 集团的进展很不顺利。首先是线上业务向线下业务和互联网财富业务方面的转型不顺利，同样遇到监管政策的阻碍；其次是开展的小微供应链金融的业务量不足，不能替代原有业务规模；最后是监管机关的压力逐月俱增，没有足够时间进行转型。最终，从 2018 年夏秋开始，A 集团业务基本停滞，陷入重大信用风险爆发后的全面危机之中。

（二）企业风险管理情况分析

1. 组织架构与政策制度体系

企业是否具备完善合理的组织架构与政策制度体系，这一点在企业的风险管理中居于重要地位。同时，组织架构与政策制度体系并不是在所有行业和所有企业都千篇一律，要根据各行业及各企业甚至企业各个发展阶段的不同特点，进行相应的设计，才能合理地提升运行效率、规避企业风险。

A 集团的几名创始人以北大清华毕业的外资银行从业者以及科技创业者为主，之前并没有在企业担任过高管的经历，对于公司治理以及风险管控，缺乏相关经验。因此，A 集团从创立之始，便不具备完善的组织架构体系，其政策制度也是杂散和混乱，缺乏合理的政策形成机制。例如，在公司发展的早期，项目的审批工作竟然全部由公司运营部负责，运营部门人员身兼审批、内部运营、业务权证办理、业务后期监管等多重职责，在利益角色上相互冲突，产生很大的灰色操作空间；又如，公司对担任信贷前台的项目经理没有充分有效的管控机制，项目经理和项目企业相互勾结，制造虚假项目材料和壳公司虚假材料，导致公司业务频繁积累风险。这些问题引发该企业在内外部不断积累着各种风险。

同时，随着 A 集团的业务规模的迅速发展壮大，虽然其在酝酿和积累着各种风险，但已经开始有十分可观的巨额资金和良好利润雇用更高水平的人才以及购买更加昂贵的经营场地与技术系统。2016 年前后，集团陆续引进一批人才，并聘用了首席风险官 YL。YL 对 A 集团的业务与风险情况进行了详细调研，特别是对监管机关于当年出台的行业转折性的重大监管政策进行了仔细研究，在此基础上提出了有针对性的组织变革方案《转型期间的顶层设计》。之后，A 集团大部分采纳了该方案进行转型。

在该方案中，YL 将 A 集团拆分为两个平行的子集团：一个是从事线上业务的 α 子集团，下辖 A 集团中所有的互联网公司；另一个是从事线下业务的 β 子集团，下辖 A 集团中所有的线下公司，包含金融类子公司、科技实业类子公司、一家省级金融产权交易所、两家 A 股中小板上市公司。两个集团在股权方面相互独立不关联，双方对外公开披露的定位是战略合作伙伴。但两者唯一的总部设立于 β 子集团，该总部通过自然人股东代持股权，实现控制 α 子集团的总公司的股权，从而控制整个 α 子集团。

新的组织架构体系是 YL 在预判今后 3~5 年内的行业监管与行业发展趋势的基础上，进行的组织转型与变革，目的是切分和降低 A 集团的整体风险，提高集团在行业风险环境以及出现外部重大风险下的自身生存能力，并梳理和提升集团各条线单元的整体运营效率。如图 6-1 所示。

同时，YL 将 A 集团总部的风险管理部更名为"风险管理本部"，以区别于下属各子公司、各业务条线和各事业部的风险管理部，将风险管理本部置于 β 子集团，负责包括 α 与 β 这两个子集团在内的 A 集团整个体系的全面风险管理工作。新调整后的风险管理本部的部门架构与人员编制如图 6-2 所示。

A 集团按照上述架构所成立的新组织架构体系，适应了行业变动的趋势，在较大程度上消解了来自外部压力和内部组织混乱的矛盾，并且在新的组织框架下，也理顺了政策制度体系，给 A 集团的全面风险管理带来了较大帮助。

另外，由于 A 集团董事长 CX 将相当多的精力放在集团的业务发展上，对于组织架构调整的重要性没有足够的关注，并且，组织架构的调整细节还涉及董事长 CX 放权，而董事长 CX 在放权这个问题上出现一定反复。例如 CX 对 A 集团的重点部门，煤塑供应链事业部的总经理 DS，承诺放开人事权、财权、审批权，之后又改变想法，不再放权，最后导致了 DS 的离职，由职位层级更低的 LZ 替代。上述做法导致 YL 推动的全面风险管理体系在实际推进上出现一定程度的混乱，在一些关键问题上没有实质性落实，包括没有完全实现 α 与 β 这两个子集团的拆分。所以，该架构在落地

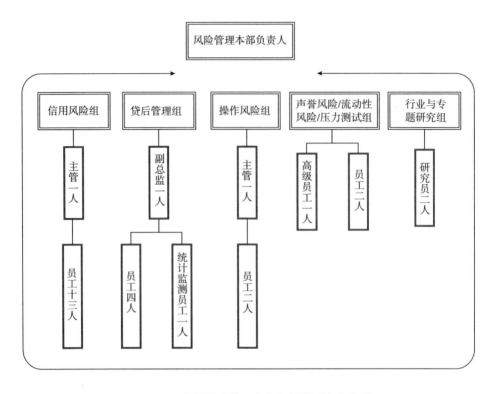

图 6-2　A 集团风险管理本部经调整后组织架构

工作中存在较大欠缺，这也是 A 集团在行业风险中抵御了一段时间，最终仍然爆发重大风险的一个重要原因。

2. 风险管理运行模式

国外的领先金融机构普遍采用"三道防线"（Three Lines of Defense）的风险管理运行模式。风险管理的"三道防线"模式指在机构内部构造出三支对风险管理承担不同职责的团队（业务团队、风险管理团队、内部审计团队），相互之间协调配合，分工协作，从组织体系上构建了风险管理内在不断完善的机制，从而提高风险管理的有效性与充分性。

国际领先金融机构的"三道防线"模式的基本架构和先进实践总结如图 6-3 所示，其中，主体的风险文化对三道防线有效运行和各道防线风险管理职能有效发挥起着基础性支撑及保障作用。

第一道防线	第二道防线	第三道防线
业务单元	风险管理等职能部门	审计单元
日常的风险管理与管理控制 **国际最佳实践：** ✓ 促进强有力的风险文化和可持续性的风险收益理念 ✓ 在宏观、微观层面，最优化资产组合 ✓ 促进对限额管理和风险暴露管理的支持的文化 ✓ 持续监控头寸和内在的风险	风险监督、政策和方法 **国际最佳实践：** ✓ "监视者"和"可信赖的顾问"的结合，监控限额的执行 ✓ 理解业务活动如何盈利，并积极地、适当地对之质疑 ✓ 高素质的具有业务经验的人员，与业务部门地位平等沟通 ✓ 设立"风险监督单元"，实现对所有风险类型的全面风险监控 ✓ 及时、准确地获得风险数据、信息	独立的保证 **国际最佳实践：** ✓ 对资本市场、业务类型和风险管理的深入理解 ✓ 审计队伍里的高素质人才：有能力提出对前台部门和风险管理职能部门的质疑 ✓ 独立的监督职能，并有执行能力（如对发现问题的立即执行） ✓ 有能力通过流程、IT专门知识将业务和风险相连接
底层基础：风险文化		

图 6-3 国际领先经验之基于"三道防线"的风控架构

A 集团在首席风险官 YL 的推动下，以确立各部门的职责边界为主要手段，构造下述的"三道防线"的风险管理运行模式：

（1）第一道防线（以业务部门为核心执行单位）。

1）业务部门（不含事业部业务部门）。可以直接受理业务，筛选业务，开展前期调研，上报风控部申请上会，与风控人员共同开展尽职调查；作为第一责任人与贷后人员共同开展贷后管理。

2）外地办事处。外地办事处的业务部门的职责边界同上。

3）集团供应链事业部。集团供应链事业部下属业务部门负责设立和管理集团下属的供应链子公司，并且组织和管理该事业部部署于北方四港即天津港、曹妃甸港、黄烨港、唐山港的巡检、场管等现场团队。

4）控股子公司。A 集团控股的子公司的业务部门可作为第一道防线，职责权限边界同上。本节中所称的"控股"，是指 α 子集团与 β 子集团内的所有公司对该公司的占股合计不低于 51%。

5）未控股子公司。若一家子公司未被 A 集团控股，也并不是受 α 与 β 这两个子集团的完全实际控制，则该公司不属于第一道防线，不具备上述职责权限，仅作为合作渠道向业务部门进行业务推荐。在风控上视同合作渠道进行风控管理。

（2）第二道防线（以风险管理部门为核心执行单位）。

1）风险管理本部。制定整个集团的全面风险管理框架与政策；组织与实施全系统的全面风险管理工作。受理前台业务部门报送的业务，筛选并确定是否实施尽调，开展尽职调查，项目上会；负责常规业务（主板和新三板企业、投行业务）的贷后检查；负责其他业务（含供应链业务）的贷后检查。牵头组织系统内风控与模型开发工作；管控和调节整个集团层面的风险集中度。

2）事业部直属风险管理部（含供应链事业部下属的风险审查部）。受理隶属第一道防线的各业务部门报送的属于本事业部条线的业务（如供应链类项目），筛选并确定是否尽调，开展尽职调查和项目上会；参与事业部相关的系统与模型开发；对于外地分支机构（如办事处）有独立放款权的业务，原则上由相应的事业部下属的审查部（如供应链审查部）或风险管理本部外派风险岗常驻该城市负责该类业务的风控工作，不由该分支机构的原风险岗实施风控；该风控岗的薪资与考核均由派出部门负责；出险率低和经营良好的分支机构可由分管派驻的风险部门授予一定额度内的独立放款权。

3）项目运营部。负责对上线项目的必备材料的完备性开展形式审查；负责项目上线工作；在项目上线后与网络科技端开展协调和推动的工作。

（3）第三道防线（以审计部门为核心执行单位）。

1）审计部。负责对系统内公司及部门（人员）的内部审计；负责集团的反欺诈与关联交易控制；牵头受理监管机关的检查。

2）分子公司审计部/派驻审计岗（组）。根据总部审计部的要求，开展本公司内部审计工作；如果总部审计部提出要求，应根据要求开展反欺诈与关联交易控制工作。

（三）集团业务发展情况

A 集团从 2013 年初成立，到 2018 年底发生重大风险，历时六年左右。其业务发展经历了一个初创成立、急剧攀升、转型升级、持续发展、发生外部重大风险这一连串的过程。其中，2016 年是集团发展的标志性一年，该年由于承载着业务转型、组织变革、行业政策转向等一系列的重要事件，成为 A 集团的关键年份。本书以 2016 年为例，列举相关业务数据，从中可以看到 A 集团的业务发展与业务风险情况。

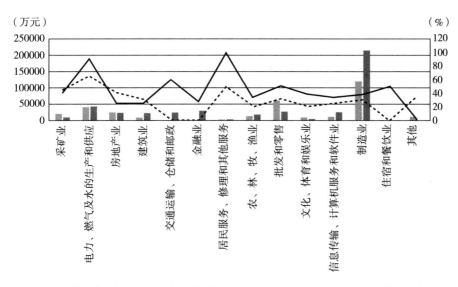

图 6-4　2015~2016 年新增项目的金额及过会率

从图 6-4 可看到，2016 年相比 2015 年，A 集团的项目更侧重于不同的行业，有的行业项目更多，过会率更高，相反，在其他行业，比 2015年更为收缩，但过会率仍然提高。这说明 A 集团经过组织架构与风险模式的调整后，决策更加明确化、业务重点更加突出，不是像 2015 年一样对大量行业都普遍涉足和金额均摊。

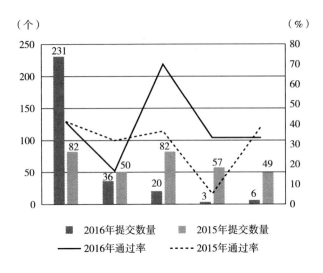

图 6-5　2015~2016 年项目提交数量及过会率对比

从图 6-5 可以看到，2016 年随着内外部风险的增加，其项目资金来源与 2015 年相比，逐渐压缩在少数一两个更合适更有利的固定通道类型上。同时，由于 A 集团自身具备一定的规模实力和经过组织架构及风控的调整强化，其融资能力仍然较强，抗风险能力仍然较大。

二、关于本案例的综合解析

（一）基于 QSIM 模型对本案例的解析

本节结合 A 集团案例的实际情况，并借助 QSIM 模型进行定性建模分析。基于第三章介绍的企业重大信用风险与雇员离职间定性关系研究的理论基础，本节首先对 A 集团案例应用的定性仿真模型变量进行介绍和解析，其次介绍 A 集团案例应用的 QSIM 模型初始状态和实现过程，最后通过对整个 QSIM 定性仿真模型的推演得出定性仿真模型分析结果。

1. 定性仿真模型变量分析

从前文可以看出，A 集团从成立初期阶段发展至出现较大的危机阶段，依次出现了信贷坏账风险、现金流风险、业务经营风险（初创阶段）、政策和行业风险（危机阶段）四类主要的风险。

首先，我们基于 QSIM 模型定义的四类主要风险给出企业重大信用风险的变量表示及相应的含义；其次，基于 QSIM 模型给出 A 集团公司雇员离职现象的变量表示及相应的含义；最后，基于 QSIM 模型给出四种不同企业重大信用风险对雇员离职压力传导过程的定性推导变量及含义。

基于前文分析，我们定义如下：

（1）W 表示的是雇员离职意愿与 A 集团重大风险的关联性，即定性状态变化结果值。

（2）定义 qval 的值分别为 1、2、3，1~3 表示 A 集团重大风险因素的定性状态变化的强度，1 表示的是强度最弱，3 表示的是强度最强。

（3）定义 qdir 的值分别为 -1、0、1，-1~1 表示 A 集团的雇员离职意愿定性状态变化方向：-1 表示的是离职意愿降低，即向下 "↓"；0 表示的是定性状态保持不变，即 "→"；1 表示的是离职意愿上升，即向上 "↑"。

对于定义（2）和定义（3），其对象均为定性值，但为了计算方便，同时为了更加清楚地阐述定性变量的不同等级，因此用数字描述定性变量的不同状态和范围。当上述的三个不同等级无法准确描述定性变量的状态和范围时，也可以将其划分为 7 个不同等级或 9 个不同等级，也可以定义 qval 的取值为 1~9，qdir 的取值为 -4~4。定性变量的取值等级分布越离散，其表达的定性状态变化范围越广。

（4）定义 A 集团四类重大风险影响推理函数分别为 f_1、f_2、f_3、f_4，分别表示的是信贷坏账风险、现金流风险、业务经营风险、政策和行业风险等可推理函数。

（5）定义一元变量包括：X_1、X_2、X_3、X_4，表示 qval 中的一个数，即四类企业重大风险影响推理函数（f_1、f_2、f_3、f_4）变量的定性值，M 表示 qdir 中的一个。

（6）定义二元变量包括：Z_1、Z_2、Z_3、Z_4，表示为 <qval, qdir>，即四类企业重大风险影响推理函数（f_1、f_2、f_3、f_4）变量的定性值与定性状态变化方向。

$$QS(f_i, T_i) = <qval, qdir> \tag{6-1}$$

如前文所述，式（6-1）中，f_i 表示 A 集团四类重大风险影响推理函数中的一个，T_i 表示定性状态模拟第 i 阶段，qval 为变量 f_i 的定性值，qdir 为变量 f_i 的定性方向。

当雇员离职状态变化的二元组变量受到 A 集团重大风险影响因素作用时，可能存在有多个后续状态，在模拟过程中，我们可以假定每种可能的状态出现的概率相等。由于 A 集团内部同一个雇员离职意愿具有积累效应，雇员可由离职概率函数表达。即 A 集团发生不同的企业重大风险影响因素对雇员离职会产生相应的、不同概率的离职影响。

2. 定性仿真模型初始状态介绍

基于前文对 A 集团所做的介绍，该集团主要经历了三个重要的阶段，即成立初期阶段、壮大阶段和危机阶段，而集团面临的主要风险发生在成立初期阶段和危机阶段，这里将定性仿真模型初始状态定义为 A 集团成立初期阶段，且初始状态时 A 集团还没发生任何的风险危机。

定义初始状态 $t = t_0 = 0$

$W = QS(f_1, t_0) = <qval, qdir> = <0, 0>$

$W = QS(f_2, t_0) = <qval, qdir> = <0, 0>$

$W = QS(f_3, t_0) = <qval, qdir> = <0, 0>$

$W = QS(f_4, t_0) = <qval, qdir> = <0, 0>$

A 集团雇员离职定性仿真模型在初始状态时，雇员没有因为企业发生重大风险而离职，此阶段雇员离职是雇员自身原因的正常离职。

3. 定性仿真模型实现过程

（1）风险发生的过程分析。对 A 集团雇员离职定性仿真模型在初始状态进行界定后，下面简要介绍 A 集团的风险发生过程。在经历初创阶段的发展后，A 集团相继因为行业战略定位不足引发信贷坏账风险，继而引发现金流风险，为了解决好上述风险，A 集团又相继介入到借款企业的经营事务或控股其中的一些企业，造成经营业务繁杂而陷入被动局面，进而引发业务经营风险。

面对诸多的风险后，A 集团经过一段时间的发展壮大阶段，且在该阶段内实现了业务创新和业务数据飞跃，且对信贷坏账做了非常好的管控，年度信贷不良率低于 1% 的水平，从而使得 A 集团在新的业务大方向下，业务规模和企业管理水平不断提高。

中国银监会等十部委发布的《网络借贷信息中介机构业务活动管理暂行办法》给 A 集团业务带来了直接影响，导致 A 集团不得不面临严峻的政策和行业风险。从此，A 集团被迫走上转型之路，然而转型进展却很不顺利，甚至从 2018 年夏秋开始，A 集团基本业务已经停滞，陷入全面的危机状态。

（2）定性仿真模型实现的具体步骤。首先，前文已经介绍过了 QSIM 模型的模拟过程初始状态；其次，基于前文介绍的 QSIM 模型步骤和变量定义，这里给出 QSIM 模型实现过程的模拟；最后，下文会对 QSIM 模型模拟的结果及结论进行简要的总结与分析等。

步骤 1：定义初始状态 $t = t_0 = 0$，根据前文介绍的 QSIM 模型设计规则，以及定性状态转换规则，在因果关系图中从左向右依次推理雇员与 A 集团重大风险间关系结果变量的后续状态。

步骤 2：对于有多个原因变量的结果变量，以时间优先规则为过滤器，选取雇员离职意愿的后续定性状态；对于只有一个原因变量的结果变量，由于雇员离职意愿定性状态变化是一个离散型的随机变量，因此可得到多个可能的后续状态。

步骤 3：根据 QSIM 模型设计中的时间优先规则为过滤器，去掉不可能的雇员离职意愿定性状态中的后续状态。

步骤4：对于雇员离职意愿定性状态方向不一致的后续状态，使用状态合并规则进行合并处理。

步骤5：如果已对雇员离职意愿与A集团重大风险间因果关系图的最右边变量进行了推理，那么，转步骤6；否则，转步骤2。

步骤6：将雇员离职意愿定性状态模拟时间t转换为下一个显著时间点或区间，并根据状态转移规则推理后续状态，如果后续状态已经恢复到初始状态，转步骤7；否则，转步骤2。

步骤7：模拟结束。

步骤6为雇员离职意愿恢复到初始状态，表明A集团雇员在受到各种环境因素作用以及经过一段时间相互作用后，雇员离职意愿达到了某种稳定状态。

基于上述的定性仿真模拟步骤，介绍A集团雇员模拟对象的离职定性状态变化过程情况。

设定A集团出现信贷坏账风险的时间点为t_1、出现现金流的时间点为t_2、出现经营业务风险的时间点为t_3、A集团实施风险管控的时间点为t_4、出现政策和行业风险的时间点为t_5。

1）当$t = [t_0, t_1]$时，A集团的雇员受到了信贷坏账风险的影响，其定性变化结果如下：

$$W_1 = QS(f_1, [t_0, t_1]) = <qval, qdir> = <1, 1> = <1, \uparrow>$$

表明此时A集团雇员受到信贷坏账风险的影响较为显著，已经呈现出了较强的离职倾向。

2）当$t = t_1$时，A集团雇员受到了信贷坏账风险的影响后可能会产生离职意向，在处于该时间点至下个时间点。在此阶段属于时间区间向时间点的转换，属于I转换的类型，可以结合I转换的相关原则得到。雇员可能会发生两种形式的定性状态变化：第一，立即做出离职决定，即离职意愿上升趋势；第二，保持不变处于犹豫的阶段。因此：

$$W_2 = QS(f_1, t_1) = <qval, qdir> = <1, 1> = <1, \uparrow>或$$

$W_2 = QS(f_1, t_1) = <qval, qdir> = <1, 0> = <1, \rightarrow>$

3）当 $t = [t_1, t_2]$ 时，A 集团遇到了信贷坏账风险的同时，很快又面临了新的风险——资金风险，即 A 集团内部雇员此时会面临两种类型的企业风险，且是两种风险并存的情形，其定性变化结果如下：

$W_3 = QS(f_1, [t_1, t_2]) = <qval, qdir> = <1, 1> = <1, \uparrow>$

$W_4 = QS(f_2, [t_1, t_2]) = <qval, qdir> = <1, 1> = <1, \uparrow>$

基于前文介绍的 QSIM 模型设计规则七，在同一时间点的定性状态可以合并的原则：

$W_{3,4} = QS(f_1f_2, [t_1, t_2]) = <qval, qdir> = <1^*, 1^*> = <1^*, \uparrow^*>$

这里 1^* 表明定性状态变化的强度进一步增强，比原值"1"表现得更为强烈；同样 $\uparrow^*$ 表明定性状态变化方向进一步增强，比原值"↑"表现得更为强烈。

由于在该时间段 A 集团出现了新的风险，因此结合前文介绍的 QSIM 模型设计规则二和规则三，可以明确得到：

$W_2 = QS(f_1, t_1) = <qval, qdir> = <1, 1> = <1, \uparrow>$

4）当 $t = t_2$ 时，A 集团雇员受到了现金流风险影响后可能会产生离职意向，在处于该时间点至下个时间点，此阶段属于时间区间向时间点的转换，属于 I 转换的类型，可以结合 I 转换的相关原则能够得到。雇员可能会发生三种形式的定性状态变化：第一，立即做出离职决定，即离职意愿上升趋势；第二，保持不变处于犹豫的阶段；第三，离职意愿下降的变化趋势，因此：

$W_5 = QS(f_1f_2, t_2) = <qval, qdir> = <1, 1> = <1, \uparrow>$ 或

$W_5 = QS(f_1f_2, t_2) = <qval, qdir> = <1, 0> = <1, \rightarrow>$

5）当 $t = (t_2, t_3)$ 时，A 集团遇到了信贷坏账风险、资金风险后采取了相应的措施进行解决，例如介入到还款公司的管理或者入股还款公司，这样做的结果虽然一定程度上缓解了信贷坏账风险，但却又带来了新的风险——业务风险。其定性变化结果如下：

$W_6 = QS(f_1, [t_1, t_2]) = <qval, qdir> = <1, 1> = <1, \uparrow>$

$W_7 = QS(f_2, [t_1, t_2]) = <qval, qdir> = <1, 1> = <1, \uparrow>$

$W_8 = QS(f_3, [t_1, t_2]) = <qval, qdir> = <1, 1> = <1, \uparrow>$

基于前文介绍的 QSIM 模型设计规则七，在同一时间点的定性状态可以合并原则：

$W_{6,7,8} = QS(f_1 f_2 f_3, [t_2, t_3]) = <qval, qdir> = <1^{**}, 1^{**}> = <1^{**}, \uparrow^{**}>$

这里 1^{**} 表明定性状态变化的强度进一步增强，比原值"1^*"表现得更为强烈；同样 $\uparrow^{**}$ 表明定性状态变化方向进一步增强，比原值"$\uparrow^*$"表现得更为强烈。

由于在该时间段 A 集团出现了新的风险，因此结合前文介绍的 QSIM 模型设计规则二和规则三，可以明确得到：

$W_5 = QS(f_1 f_2, t_2) = <qval, qdir> = <1, 1> = <1, \uparrow>$

6）当 $t = t_3$ 时，A 集团雇员受到了经营业务风险的影响后可能会产生离职意向，在处于该时间点至下个时间点。虽然此阶段仍然处于 I 转换的类型，但由于在上个时间区间，定性状态值和定性变化方向的强度大，即 $qval = 1^{**}$，$qdir = \uparrow^{**}$，因此，该时刻雇员可能会发生三种形式的定性状态变化：第一，立即做出离职决定，即离职意愿上升趋势；第二，保持不变处于犹豫的阶段；第三，离职意愿下降的变化趋势，因此：

$W_9 = QS(f_1 f_2 f_3, t_3) = <qval, qdir> = <1, 1> = <1, \uparrow>$ 或

$W_9 = QS(f_1 f_2 f_3, t_3) = <qval, qdir> = <1, 0> = <1, \rightarrow>$ 或

$W_9 = QS(f_1 f_2 f_3, t_3) = <qval, qdir> = <1, -1> = <1, \downarrow>$

7）当 $t = (t_3, t_4)$ 时，A 集团遇到了信贷坏账风险、资金风险、经营风险后采取了相应的措施进行解决，并加大了风险管控，从而使得 A 集团的风险在很大程度上得到降低，且 A 集团开始实现了步入发展壮大阶段，该阶段 A 集团雇员离职意愿定性变化结果如下：

$W_{10} = QS(f_1, [t_3, t_4]) = <qval, qdir> = <1, -1> = <1, \downarrow>$

$W_{11} = QS(f_2, [t_3, t_4]) = <qval, qdir> = <1, -1> = <1, \downarrow>$

$W_{12} = QS(f_3, [t_3, t_4]) = <qval, qdir> = <1, -1> = <1, \downarrow>$

$$W_{13} = QS(f_4, [t_3, t_4]) = <qval, qdir> = <1, -1> = <1, \downarrow>$$

基于前文介绍的 QSIM 模型设计规则七，在同一时间点的定性状态可以合并的原则：

$$W_{10,11,12,13} = QS(f_1 f_2 f_3 f_4, [t_3, t_4]) = <qval, qdir> = <1^{***},$$

$$1^{***}> = <1^{***}, \downarrow^{***}>$$

这里 1^{***} 表明定性状态变化的强度进一步增强，比原值 "1^{**}" 表现得更为强烈；同样 $\downarrow^{***}$ 表明定性状态变化方向进一步增强，比原值 "$\downarrow^{**}$" 表现得更为强烈。

由于在该时间段 A 集团没有出现新的风险且 A 集团朝着好的局面发展壮大，因此结合前文介绍的 QSIM 模型设计规则二和规则三，可以明确得到：

$$W_9 = QS(f_1 f_2 f_3, t_3) = <qval, qdir> = <1, -1> = <1, \downarrow>$$

8）当 $t = t_4$ 时，A 集团雇员受到了 A 集团风险防控措施的实施与改进的影响后可能会产生离职意向的定性状态改变，在处于该时间点至下个时间点。虽然此阶段仍然处于 I 转换的类型，但由于在上个时间区间，定性状态值和定性变化方向的强度大，即 $qval = 1^{***}$，$qdir = \uparrow^{***}$，因此，在该时刻雇员可能会发生三种形式的定性状态变化：第一，立即做出离职决定，即离职意愿上升趋势；第二，保持不变处于犹豫的阶段；第三，离职意愿下降的变化趋势，因此：

$$W_{14} = QS(f_1 f_2 f_3, t_3) = <qval, qdir> = <1, 1> = <1, \uparrow>或$$

$$W_{14} = QS(f_1 f_2 f_3, t_3) = <qval, qdir> = <1, 0> = <1, \rightarrow>或$$

$$W_{14} = QS(f_1 f_2 f_3, t_3) = <qval, qdir> = <1, -1> = <1, \downarrow>$$

9）当 $t = (t_4, t_5)$ 时，A 集团遇到了信贷坏账风险、资金风险、经营风险后，加强了风险管理力度，从而获得了一段时间的快速壮大发展，但却出现了整个行业和政策的宏观调整，从而 A 集团不得不面临新的政策和行业风险，该阶段 A 集团雇员离职意愿定性变化结果如下：

$$W_{15} = QS(f_1, [t_4, t_5]) = <qval, qdir> = <1, 1> = <1, \uparrow>$$

$$W_{16} = QS(f_2, [t_4, t_5]) = <qval, qdir> = <1, 1> = <1, \uparrow>$$

$$W_{17} = QS(f_3, [t_4, t_5]) = <qval, qdir> = <1, 1> = <1, \uparrow>$$

$W_{18} = QS(f_4, [t_4, t_5]) = <qval, qdir> = <1, 1> = <1, \uparrow>$

$W_{19} = QS(f_5, [t_4, t_5]) = <qval, qdir> = <1, 1> = <1, \uparrow>$

基于前文介绍的 QSIM 模型设计规则七，在同一时间点定性状态可以合并原则：

$W_{15、16、17、18、19} = QS(f_1 f_2 f_3 f_4 f_5, [t_4, t_5]) = <qval, qdir> = <1^{****}, 1^{****}> = <1^{****}, \uparrow^{****}>$

这里 1^{****} 表明定性状态变化的强度进一步增强，比原值 "1^{***}" 表现得更为强烈；同样 $\uparrow^{****}$ 表明定性状态变化方向进一步增强，比原值 "$\uparrow^{***}$" 表现得更为强烈。

由于在该时间段 A 集团出现了新的风险，因此结合前文介绍的 QSIM 模型设计规则二和规则三，可以明确得到：

$W_{14} = QS(f_1 f_2 f_3, t_3) = <qval, qdir> = <1, 1> = <1, \uparrow>$

10）当 $t = t_5$ 时，A 集团遇到了新的政策和行业风险在处于该时间点至下个时间点，雇员可能会发生两种形式的定性状态变化：第一，立即做出离职决定，即离职意愿上升趋势；第二，保持不变处于犹豫的阶段。

$W_{20} = QS(f_1 f_2 f_3, t_3) = <qval, qdir> = <1, 1> = <1, \uparrow>$ 或

$W_{21} = QS(f_1 f_2 f_3, t_3) = <qval, qdir> = <1, 0> = <1, \longrightarrow>$

由于 t_5 时间点后没有做新的模拟分析，因此 W_{22} 的值暂时无法做出最终的定性状态筛选和确定，只有当 A 集团针对当前状况采取积极的措施或者 A 集团出现新的风险时，W_{22} 的值才可以根据定性状态转换规则进行确定。

通过对 A 集团后期经营持续性观察，出现了上述的各类重大风险后 A 集团并未采取积极有效的措施来扭转公司的业务经营，结合前文分析：

$W_{15、16、17、18、19} = <1^{****}, \uparrow^{****}>$，能够得出 W_{20} 会以非常大的概率得到雇员的离职意愿和定性状态变化值为：

$W_{20} = QS(f_1 f_2 f_3, t_3) = <1, \uparrow>$

即 A 集团雇员在面临公司发生的诸多风险后其离职意愿处于上升的趋势，而不会走向恢复到初始状态；在现实中，A 集团自 2018 年夏天至今各项业务也基本上处于停滞状态，雇员已经基本离职完毕。

4. 定性仿真模型结果分析

采用上述描述方法和定性模拟算法，可以看出 A 集团雇员在集团发生重大风险后一段时间内都可能会触发离职意愿，对于 A 集团而言，需要在发生重大风险后立即采取必要的措施才能挽留雇员的离职倾向。表 6-1 统计了 A 集团 2013~2017 年雇员离职的具体数据。可以看出，A 集团在五年的发展时间内，其雇员的离职意愿与 A 集团历经的各种风险，以及风险应对措施的制定与实施有着非常密切的关系，从而也进一步佐证了本书提出的 QSIM 模型对本案例应用的准确性与合理性。

表 6-1　A 集团雇员离职数据统计

年份	离职人员数量（人）	人才净流动率（%）	离职人员平均在职时长（月）	在岗人员的历史稳定指数
2013	50	65.00	21.66	8.78
2014	41	85.00	21.61	9.35
2015	82	2.00	24.72	8.64
2016	108	-140.00	21.05	9.51
2017	89	80.00	26.97	9.18

注：①当年人才净流动率=（每年净流动人数-去年净流动人数）/去年净流动人数；②当年在岗人员的历史稳定指数的计算公式为每年在岗人员的历史每段工作在职时长与 1.5~5 年的偏离度的个人平均数的公司全体平均数，数值等于 0 为最稳定，数值越大越不稳定。

通过前文分析，A 集团在 2013 年、2014 年相继发生了信贷坏账风险、现金流风险、业务经营风险，但 2015 年至 2016 年上半年是 A 集团发展壮大的重要阶段，2016 年至 2017 年是 A 集团面对政策和行业风险的阶段。上文介绍的定性仿真模型实现过程也能够得到在不同的时间点，A 集团雇员离职意向定性状态变化情况：

$W_1 = QS(f_1, [t_0, t_1]) = <qval, qdir> = <1, 1> = <1, \uparrow>$

$W_2 = QS(f_1, t_1) = <qval, qdir> = <1, 1> = <1, \uparrow>$

$W_{3,4} = QS(f_1 f_2, [t_1, t_2]) = <qval, qdir> = <1^*, 1^*> = <1^*, \uparrow^*>$

$W_5 = QS(f_1 f_2, t_2) = <qval, qdir> = <1, 1> = <1, \uparrow>$

$W_{6,7,8} = QS(f_1f_2f_3, [t_2, t_3]) = <qval, qdir> = <1^{**}, 1^{**}> = <1^{**},$
$\uparrow^{**}>$

$W_9 = QS(f_1f_2f_3, t_3) = <qval, qdir> = <1, -1> = <1, \downarrow>$

$W_{10,11,12,13} = QS(f_1f_2f_3f_4, [t_3, t_4]) = <qval, qdir> = <1^{***}, 1^{***}> = <1^{***}, \downarrow^{***}>$

$W_{14} = QS(f_1f_2f_3, t_3) = <qval, qdir> = <1, 1> = <1, \uparrow>$

$W_{15,16,17,18,19} = QS(f_1f_2f_3f_4f_5, [t_4, t_5]) = <qval, qdir> = <1^{****}, 1^{****}> = <1^{****}, \uparrow^{****}>$

$W_{20} = QS(f_1f_2f_3, t_3) = <qval, qdir> = <1, 1> = <1, \uparrow>$或

$W_{21} = QS(f_1f_2f_3, t_3) = <qval, qdir> = <1, 0> = <1, \rightarrow>$或

$W_{22} = QS(f_1f_2f_3, t_3) = <qval, qdir> = <1, -1> = <1, \downarrow>$

其中，雇员离职意愿定性值 W_1、W_2、$W_{3,4}$、W_5、$W_{6,7,8}$ 所对应的时间点分别是从 2013 年至 2015 年上半年，A 集团一直面临着出现的各类风险，雇员的净流动率较高，离职人员平均在岗时间较短，且在岗人员的历史稳定指数也偏高（不稳定）；但从 2015 年下半年至 2016 年上半年，A集团采取积极的风险防控措施，同时业务方面也获得了良好发展，雇员离职意愿定性值 W_9 和 $W_{10,11,12,13}$ 表明雇员离职意愿呈现出下降趋势，此阶段人才净流动率仅有 2%，且离职人员平均在职时长位列第二，在岗人员的历史稳定指数最小（最稳定）。但从 2016 年下半年至 2017 年，A 集团又面临新出现的行业和政策风险，同样 W_{14} 和 $W_{15,16,17,18,19}$ 表明此阶段雇员离职意愿较为强烈，此阶段人才净流动率升高、离职人员平均在职时长最短，且在岗人员的历史稳定指数偏高（不稳定）。

对于 A 集团而言，借助 QSIM 模型分析雇员离职意愿的定性状态变化情况，可以帮助 A 集团积极应对雇员的离职倾向，并及时、积极地采取必要的措施降低离职率，留住优秀人才。

通过前文基于 QSIM 模型分析 A 集团风险与雇员离职意愿，可以得到如下几点结论：

第一，A 集团雇员离职意愿的形成与 A 集团所发生的各类风险息息相

关，无论是 A 集团风险发生的某个时间点还是风险形成的某个时间段过程中，A 集团雇员都会产生相应的离职意愿，而且会因为 A 集团风险发生的临近而呈现出上升趋势，即 W 值的二元组中 qdir 值为 1（或 ↑）。作为 A 集团高层管理人员应该及时意识到雇员离职意愿的变化情况，并采取积极有效的措施予以弥补，从而尽可能地降低雇员的离职意愿值。针对这种情况，A 集团可以采取的措施除降低风险发生的概率或者风险发生后的负面影响外，也可以针对不同类型的雇员离职意愿的影响因素而采取相应的有效措施。

第二，A 集团发生的重大风险有先后顺序，同样对雇员离职意愿的影响也会产生叠加效应，如 QSIM 模型中不同风险函数的定性状态可以进行叠加合并，如上文中的 $W_{6,7,8}$、$W_{10,11,12,13}$、$W_{15,16,17,18,19}$。其中 $W_{6,7,8}$ 分别是 W_6、W_7 和 W_8 的定性状态值和定性状态变化方向等合并得到的。而且 $W_{6,7,8}$ 的离职意愿定性状态值和定性方向变化的强度比单个的定性函数 W_6、W_7、W_8 要强，这也与实际的情况相符，由于 A 集团发生了多种风险导致了雇员离职率偏高且离职人数攀升。针对这种情况，A 集团应该在某种风险发生后尽可能地采取有效措施，避免该风险继续带来负面影响而催生新的风险，从而有可能会显著加大 A 集团雇员的离职意愿。

第三，通过对 A 集团风险发生与雇员离职意愿间定性关系进行建模分析，可以看出雇员离职意愿会在相邻的两个时间点（不同风险发生的某个时刻）间已经形成，从上文建模分析可以看出 $[t_1, t_2]$、$[t_2, t_3]$ 和 $[t_4, t_5]$ 等不同的时间段当中，A 集团雇员的离职意愿也很强烈，而并非仅仅在风险发生的具体某个时间点，如 t_1、t_2、t_3、t_5 等时间点才会有离职意愿的产生。雇员离职意愿定性状态的变化过程也为 A 集团采取有效措施提供了时间，针对雇员离职意愿产生的时间段，A 集团可以在相应的时间段采取针对性措施，避免雇员离职意愿进入到下一个时间点或者时间段而出现定性状态增强（↑）的趋势。

第四，本书基于 QSIM 模型对 A 集团风险与雇员离职意愿的关系进行建模时研究的对象是单个雇员，由于雇员本身具有一定的共性特征，因此该模型对不同的雇员都能适用。一旦 A 集团发生了某种风险就会引发雇员集体离职的现象，所以，每个雇员的离职意愿定性状态值和定性状态变化方向均可以借助 QSIM 模型进行推导和计算，这同样解释了 A 集团自成立初期至今在发生了多次风险后，其雇员离职数量较为庞大。

第五，由于 QSIM 模型本身研究的对象是变量的定性状态值和定性变化方向，因此它有着定量建模的先天性不足。为了能够更好地研究 A 集团雇员群体离职现象对企业重大信用风险的预警，还需要结合定量的建模方法才能取得理想的效果，下文将结合本书第五章的预警模型，分析 A 集团正在形成重大信用风险时，企业通过压力向雇员进行传导，从而引发雇员出现集体离职现象。

（二）基于信用评分卡预警模型对本案例的解析

1. 关于评分卡模型的预警信号的分析

依据前文的信用评分卡预警模型，对 A 集团进行分析，可以看到，信用评分卡预警模型对 A 集团在 5 个敏感指标上已经较早地发出了预警信号。

从信用评分卡预警模型的 A 集团"在职人数"预警指标看，从 2013 年开始，每年均向上递增。2013 年为 245 人，2014 年为 297 人，2015 年为 400 人，2016 年稳定在 401 人，但 2017 年便急剧下降为 337 人，这是 2018 年出现风险前五年的人员情况，2018 年更是急剧下降到 263 人。这体现了信用评分卡预警模型中的"在职人数"与企业重大信用风险成正比。

关于信用评分卡预警模型的"在职工作月份总和"预警指标方面，A 集团 2013 年为 2150 个月，2014 年为 2777 个月，2015 年为 3454 个月，2016 年为 3813 个月，在 2017 年急剧下跌到 3095 个月。2017 年前的雇员在职工作月份总和始终维持上升，说明构成 A 集团的老雇员较多，对集团前景维持看好，所以老雇员离职较少，"雇员在职工作月份总和"持续上升，2017 年在职人雇员作月份总和出现急剧下降，说明老雇员开始陆续离职，导致集团在职人雇员作月份总数快速减少。

从信用评分卡预警模型的"离职率"预警指标看，每年的离职人数相比较，2013~2015 年离职人数略有增加，2016 年比上年增加 108 人，2017 年比 2016 年增加 89 人。经了解，2016 年激增是因为 A 集团从中小企业金融向上市公司信贷大幅转型，砍掉了若干条中小企业产品线百余名雇员，导致 2016 年离职人数大幅上升，剔除掉这个因素后重新计算，2017 年离职人数的同比增加数应为历年最高，这印证了信用评分卡预警模型中该指标与企业重大风险紧密正相关的判断。

关于信用评分卡预警模型的"在岗人员的历史最快流动性"预警指标，可以看到 A 集团一直维持同一个较低数值没有变化。经分析了解，由于 A 集团的发展基础是互联网金融行业，大部分人员主要来自民间金融、互联网行业、创业行业，这些行业的机构由于行业政策或者行业特性，容易出现短期职场的现象，比较多的人有过两三份短期职场生涯的现象，因此该数值普遍偏低，所以这个指标上没有太大变化，这属于该企业的行业特性。

从信用评分卡预警模型的 A 集团的"高管级雇员离职率"预警指标看，2013~2017 年，"高管级雇员离职率"在 2014 年、2015 年保持稳定，2016 年略有增加，2017 年迅速扩大了一倍，比较鲜明地反映出高管级雇员在公司出现重大风险的情况下，陆续离职，这暗示了公司面临的是重大信用风险。

上述模型分析结果显示，在剔除一些噪声干扰成分和行业特性后，预警模型能够展示出 A 集团的实际情况，通过雇员的群体离职现象预警了 A 集团正在面临的重大风险。

2. 关于预警信号的形成机理的分析

上文基于信用评分卡预警模型中的 A 集团数据运行结果，对 A 集团的预警指标信号做了描述。下面本书查找 A 集团为什么会形成信用评分卡预警模型中的雇员离职的各类预警信号，从形成机理层面展开分析。

A 集团在成立之初，包括创始团队在内仅有不到 10 名雇员，创始团队均来自知名院校和知名企业，而普通雇员的学历、经验和薪资则普遍较低。在集团的资金面开始充裕，并聚焦中小企业信贷业务时，雇员开始增加到 200 人左右，但由于管理水平、薪酬吸引力、企业品牌等方面不理想，雇员的素质、能力一直不太理想。在 A 集团的金融业务中，还出现了大量的业务欺诈事件，包括内部人欺诈、外部人造假、内外联合欺诈等事件。不少雇员在欺诈和"搭便车"谋利的业务中，获利丰厚。A 集团此时的雇员特点是素质偏低、工作经验不足或来自其他行业，人员数量逐渐增多。

A 集团向上市公司信贷业务方向转型后，由于企业自身已有一定的利润积累、新业务质量相对较好、创始团队经过前期的磨炼也具有了一定的管理水平，因而能招聘到更好的管理层和更好的工作人员。这些方面的改变，使得 A 集团工作人员的平均素质、平均能力、平均学历都有很大的提高。A 集团的雇员队伍一改以前都来自小投资公司、小贷公司、担保公司、小律所和大专、民办大学、职业技术等来源，而是不少来自普华永道、股份制银行总行、荷兰银行、渣打、德勤和欧美海归等来源，雇员数量迅速增长。

银监会等十部委于 2016 年的《暂行规定》政策出台后，A 集团的雇员如同其他同业公司一样，受到很大的市场压力和政策压力。

A 集团的董事长为了应对政策而频繁更换高管，造成了多个团队被全部砍掉，使得单位内人心浮动，企业经营的不景气和行业的下行态势导致企业更难招聘高素质人员，人员的整体素质不断下滑。A 集团董事长对于行业前景和应对方向的判断不太清晰，也缺乏一套行之有效的解决策略，导致 A 集团的四五百名雇员对前景十分悲观，酝酿着雇员离职的各种突发场景。

同时，由于 A 集团有一部分和集团同时成长起来的老雇员，具有较好的组织嵌入感，她们对于集团从感情到利益关系，都有较强的维系依附作用，所以构成了 A 集团的人员稳定层的核心力量。雇员的离职特征，比较明显地表现为新入职的雇员离职较快，入职时间长的老雇员离职率偏低。

　　进入 2018 年后，网贷行业受到政府越来越严格的管制，A 集团业务基础受到很大的负面影响，人员群体离职现象明显严重，雇员招聘困难很大，薪资发放经常出现延后。2018 年夏秋后，大部分雇员都已经离职，企业资金流动困难，司法诉讼连续出现，重大信用风险已经爆发，所带来的集团外部表象是业务急剧萎缩、金融与地产等板块的业务基本停滞，A 集团不得不对部分业务进行了剥离。该企业深处于重大信用风险爆发后的危机中。

　　从 A 集团面临的重大风险的原因看，产业政策变动为主因，宏观经济恶化为辅因。如前文在风险类别的分析中所述，这种压力的特点是影响大、缓冲短、冲击明显。这种情况下，雇员按震撼模型的路径 2 和路径 3 离职得比较多。因为当企业在缓冲短、冲击明显的产业政策压力下，雇员在紧张的工作中很容易触发震撼事件，从而将自己的工作情况比较心理映像，并引起离职决策。同时，有少数在以往职业生涯中遇到过类似情况并离职的雇员，也可能走震撼模型的离职路径 1，即历史离职场景重演模式的离职。

　　对于组织嵌入理论来说，在这种情况下会发挥一定作用。因为组织嵌入的作用会使得联系感比较强的雇员，更倾向于继续留在企业中。所以，前述的一批人员稳定层的核心老雇员，正反映了组织嵌入感的依附力。

　　同时，由于产业政策的发布一般是透明的，企业内的高管级雇员在一定程度上能判断出产业政策的影响力大小以及企业能否适应这次调整。当企业陷入重大信用风险时，高管级雇员很可能已经提前离开企业，因此，如果产业政策调整时高管级雇员离职比率较大，则能反映出企业所面临的重大信用风险。A 集团在 2017 年左右就出现了核心合伙人与主要高管纷纷离职的现象，预示企业的信用风险是严重级风险。

三、案例思考

本书立足于银行金融机构的角度，依据借款企业雇员的异常离职变动，以提前判断借款企业存在的重大风险。金融机构作为放贷人，需要关注借款企业的雇员异常动向，包括借款企业的高级管理人员的离职、借款企业的关键岗位的人员的频繁流动、借款企业出现大幅度的雇员离职等，作为诊断借款企业存在深层重大问题的预警信号灯。

从上述 A 集团的案例可以看到，企业在发展的各个阶段，都有不同的雇员进入和离开。雇员的入离职特征，在一定程度上能反映企业在不同阶段的状态。例如企业是稳定的还是动荡的，是保守的还是激进的。提前注意到雇员离职特征，有助于提前判断出企业的"病症"。

以本案例中提到的 DS 离职为例。煤塑供应链事业部总经理 DS 离职，A 集团换上了低两个级别的 LZ 接替，这种即属于异常的高管离职动向。河北某城市商业银行给 A 集团的煤塑事业部发放过 2 亿元贷款，A 集团为借款企业。如果城商行的信贷人员深入分析思考可以察觉到，A 集团的煤塑事业部的主要负责人离职，新的负责人的级别很低，差了原负责人两个级别，这很可能是 A 集团准备消极处理甚至关闭下属的事业部及其电煤和塑料项目了，那么，城商行发放给 A 集团煤塑事业部的贷款将面临风险。此时，该城商行需要派出信贷人员提前介入问询和开展贷后调查，甚至暂停后续的贷款供应，立即申请查封 A 集团的部分资产，用以防范贷款产生坏账的风险。

再如，A 集团的主要创始人 WB 在 2017 年初离职，业务合伙人 WWB 在 2017 年夏天离职。WB 是 A 集团的创始人之一，负责集团的科技与互联网条线，在集团中仅次于集团董事长 CX，而 WWB 也是前期合伙人之一，负责集团的业务条线。某股份制银行当时正在和 A 集团洽谈资金托管合作。两位核心人士的相继离职，实际上是非常强烈的早期预警信号，但没有引起该股份制银行的警觉，仅仅认为是合伙人团队内部正常的分分合合。该股份制银行相信的是 A 集团经过粉饰的财务资料和业务数据，并于 2017 年与 A 集团签订了资金托管协议。自 2018 年开始，A 集团的雇员离职率大幅增加，平均学历下降，人员素质水平整体不断下滑。该股份制银行仍然没有意识到，这是 A 集团的实际营收和利润锐减，无法用优厚薪资吸引到更优秀雇员，从而出现的预警信号。最终，2018 年秋天 A 集团爆发重大风险，该股份制银行被卷入其中。

相比上述案例预警信号而言，本书在具体的手段上，更关注采用可数据化的雇员离职动态信息作为分析手段来判断企业的上述风险。这些手段的实现方法具体包括第三方招聘平台上的简历、企业的社保数据等，通过这些结构化的数据，能够更快、更全面地识别借款企业的人员离职趋势，更准确地从外部预测借款企业存在的重大风险类型。

从上述案例还可以看到，金融机构作为放贷人，经常性地会被借款企业，例如 A 集团经过粉饰的财报等虚假资料，在不同程度上迷惑。从某种意义上说，金融机构处于信息不对称和不透明的"弱势"地位，金融机构的信贷员需要采取其他更多的维度和手段，例如本书提出的分析雇员离职趋势思路，以提高对借款企业内部存在的实际风险的预警敏感度。

四、本章小结

本章以 A 科技实业集团作为案例，对本书的研究成果进行分析。本章先介绍了 A 集团的发展脉络，描述了其风险管理工作的演变、措施和状态，然后采用本书构建的 QSIM 定性仿真模型和信用评分卡预警模型对 A

集团进行分析。

对于 A 集团的案例分析结果显示，A 集团的重大信用风险确实造成了雇员的陆续性群体离职，同时，在信用评分卡预警模型的预警指标上，也发出了明显的预警信号。本章对于 A 集团的案例分析，进一步验证了本书 QSIM 定性仿真模型和信用评分卡预警模型的准确性。

本章在结尾对本案例进行了思考，从雇员离职行为和信贷信息不对称等角度做出了若干反思。

第七章

结论与启示

一、主要工作与结论

（一）主要工作

本书对相关的理论进行了梳理和分析，相关的理论主要包括两个方面：一是雇员离职理论，本书梳理研究了其中验证率最高的震撼理论，并以此为本书研讨的主要工具之一，同时梳理了震撼理论的理论基础——映像理论，考虑到嵌入理论对震撼理论的修正作用，又阐述和分析了组织嵌入理论；二是信用风险管理理论，本书梳理和研究了信用风险管理的发展历史、理论流派及主要风控模型。

在理论梳理的基础上，本书通过信用风险管理理论与雇员离职理论，深入结合信贷风控实务，分析企业重大信用风险对雇员离职的影响效应。

本书第三章将企业重大信用风险归纳为五类 12 种，通过 QSIM 定性仿真模型，就对企业重大信用风险的雇员离职压力进行了仿真建模，第四章推导了各类企业重大信用风险对雇员个体的压力传导过程和传导机制，对雇员基于这种传导机制可能会出现的群体离职特征进行了理论假设。

本书从有信贷记录的 1095 家中小微企业中收集了超过 17 万名雇员的简历，其中，为符合网络安全法等相关法律法规的约定，收集的数据来源均为不具备姓名联络方式等敏感信息的简历数据来源，所有简历数据被转化为标准化的简历解析格式。所有个人数据均为脱敏数据，以避免违反我国的个人隐私保护条例。所有企业的简历数据包括坏客户 285 家，好客户 810 家，被以 7：3 的比例做成训练集与测试集。训练集用于模型训练，测试集用于测试模型结果。

在对 25 个假设指标的检验中，6 个指标对应的 P 值均大于 0.05，因此在显著性水平为 0.05 的条件下，认为这几个指标对于区分坏客户和好客户两个总体没有统计学上的显著性差异，因此将其删掉；在显著性水平为 0.05 的条件下，检验的 P 值全部都小于 0.05，因此统计意义上认为两者之间的相关关系显著，即两者相关，同时也可以看出较多指标之间存在高相关关系，可能具有多重共线性。在构建信用评分卡阶段，5 个指标通过了筛选，进入了评分卡模型，说明本次评分卡建模是成功的。

本书以 A 科技集团作为典型样本进行了案例分析。因为 A 集团显现了企业从发展壮大到出现风险萌芽，到产生重大信用风险的一个完整例子，能够很直观地看到一个典型的企业发展轨迹和存在问题。此外，A 集团的雇员特征和雇员数量都比较典型，便于开展检验分析。分析结果验证了相关结论确实反映了 A 集团的企业变动轨迹，雇员的群体流动特征确实可以预警 A 集团的重大信用风险。

（二）主要结论

经上述的理论推导、数据准备、模型建设、案例分析之后，本书得出以下结论：

1. 群体组织行为对企业重大信用风险具有相关性和预警意义

企业积聚重大信用风险的过程，也是企业风险不断给雇员传导压力的过程。企业雇员因此会产生群体离职现象，从这些群体离职现象中可以提前判断出企业的重大信用风险。也就是说，企业雇员的群体离职现象和企业重大信用风险具有相关性，并且可以构成企业重大信用风险的信号。

（1）雇员规模与企业重大信用风险负相关。本结论说明，企业雇员规模越大，企业发生重大信用风险的可能性越小。该结论的衡量指标是该企业雇员在职人数。当然，本书主要针对科技型企业，在具体的工作实践中，如果能设立细分的各行业模型，能在论证上更有说服力和更精确。由此可见，企业应该不断发展自身的雇员的结构比重，不断提升雇员的人员规模，这样才能促使公司在运营和管理上更有效率，更有创新性，从而更有效地降低重大信用风险的发生概率。

（2）雇员司龄总和与企业重大信用风险负相关。公司内老雇员中的雇员占比越大，企业的风险越低，这一点在人们的日常工作中也能感受到。如果一个企业中大多数是新人，会感觉该企业不太沉稳，缺乏积淀，如果一个企业中大多数是经验丰富、具有良好素质与技能的老雇员，会感觉该企业具有一定的吸引力和竞争力，能吸引人、留住人。这种感觉实际上也印证了本结论。本书对于企业的建议是，企业不能光为了抢市场，而不断尝试各种新模式或者新产品，当雇员不断更换时，企业本身也在不断耗损核心竞争力，难以建立和完善自己的核心竞争力，而且新老雇员之间的交接和知识转移也是一项高耗损的事务。这些都将不断侵蚀企业的竞争力甚至生存能力。企业一般进行战略转型以5年为一个阶段比较合适，除非在特殊情况下可以较快转型，但企业过于频繁和快速地转型，本身就说明企业在管理和战略上有重大风险甚至危机。

（3）雇员离职规模与企业重大信用风险正相关。一个企业出现大规模的雇员离职，往往意味着企业在经营和管理上出现了重大问题，雇员纷纷以脚投票，选择了离开。这种大规模的离职潮往往和公司老雇员的离职共同发生，更说明企业面临的危机是深刻的。本书建议企业在雇员管理上应该加强以人为本的观念，一方面在给雇员实现个人的价值和个人的福利上采取增进举措；另一方面应提高公司与雇员的双向互动机制，增加企业内的信息透明与反馈机制，多倾听雇员的意见，吸取雇员的创新观点，这样才能多角度、多渠道、多层次地发现公司面临的各种问题。在公司中，有些细节是雇员知道但公司管理层却长期熟视无睹的，并未意识这些细节对整个公司的破坏性或者建设性意义。

（4）雇员在岗人员历史最快流动性与企业重大信用风险负相关。本条结论衡量指标是该企业曾经在岗的雇员队伍的职业稳定性。它揭示一个好的公司招来的往往是在职业生涯中具有一定历史稳定性的雇员，而不是经常快速更换工作的雇员。当一个公司有重大危机时，自身吸引力和薪酬福利下降，不容易给职业稳定的雇员带来吸引力，只能在市场上降低门槛，也就是招收到的雇员是在各自职业生涯中频繁在市场上流动的人员。由此可见，企业在危机之时应更注重于留住核心的、骨干的雇员，而不是虽有能力但易于波动的雇员，从而能发挥危机中的中流砥柱作用，避免因为人员的大换血而发生更大的风险。同时，对于金融机构而言，在尽职调查和材料收集中，可以观察和了解信贷申请企业的雇员的历史稳定性，判断企业自身的稳定性和安全性。

（5）高管级雇员的离职率与企业重大信用风险正相关。该条结论指企业雇员中的高管层群体的流动，对企业重大风险具有预示作用。因此，金融机构应了解和关注企业的高级管理层的动向，如果高管级雇员离职频繁，则有可能企业自身存在较大问题。本书认为，企业在自身发展的上升期，会吸引很多高管级雇员，但在企业的下降期和重大风险期，高管级雇员会流失严重。所以，企业在上升期需要采用多种手段如储备干部等，留住高管级雇员，从而提高高管级雇员的组织嵌入感，这样即使在企业下降期与风险期也有约束力，能够留住这些高管级雇员，让合适的人才可以人尽其用，让高管级雇员能为企业的发展长期贡献力量。

（6）从 QSIM 离职压力模型以及压力传导机制的研究中可以看到，雇员在企业有重大信用风险的时间内，都可能会触发离职意愿。对于企业而言，应在企业内部形成和具有重大信用风险时，通过多种手段缓释企业重大信用风险对雇员群体所传导的压力。如果有重大风险的企业在雇员离职意愿发生状态变化过程中没有采取积极的安抚措施，那么该雇员很有可能会选择离职；如果在雇员离职意愿状态变化的初期，企业对于整个风险传导机制采取风险缓释措施，例如推出赫茨伯格建议的包括人性化管理措施、人际关系平滑化、改善物质工作条件、加强基础福利等措施在内的保健因素，以及提升影响雇员价值感的激励因素，会使雇员的离职率直接而显著地下降。

2. 将微观组织行为纳入企业信贷风控，具有创新性与现实可行性

（1）增加雇员群体行为作为新的企业数据维度具有很强的创新价值。传统的对公信贷风险控制模型对于包括雇员离职维度在内的"人"的要素，较少关注。实际上，添加"人"的要素进入模型的数据维度，能较大地拓宽风控模型的边界，使得风控模型的准确度更精准、灵敏度更大。

本书增加包括雇员离职指标在内的"人"的指标，作为信用风险的数据模型的指标维度，具有很强的创新意义。该创新意义主要表现在几个方面：一是增加了一个以前几乎在所有信用风控模型中没有使用过的数据维度，提高了风控模型的分析广度和深度；二是将大量个人数据应用在企业金融领域，将使个人数据焕发出新的应用活力；三是个人数据在企业金融领域的跨学科应用成果和新发现，能进一步丰富和深化组织行为学的研究深度。

（2）增加群体行为作为新的企业数据维度的现实可行性已成熟。金融风险控制研究领域以往之所以缺乏对于包括雇员离职模型在内的"人"的数据指标，有其现实原因。这个现实的原因是，企业的"财"和"物"能通过具体物理数据观察到，比如"财"有财务报表、银行流水、业务合同、收支凭证、发票等一系列凭证，"物"有固定资产盘点、评估报告、抵质押记录、各类资产权证等一系列凭证，但企业中"人"的方面很难取得相关的数据，而且从传统看是软性的概念，很难计量化。

但是，本书认为，传统的风险管理从业者没有注意到，随着新技术特别是信息技术的发展，这个问题目前已经基本可以解决了，"人"的要素成为信用风险数据模型主要维度之一的时代已经到来。这是因为，大量的

"人"的数据已经随着信息集中化处理平台（比如社保、公积金、个人医疗、个税等）、信息交互平台（如微信、淘宝、京东等）的涌现，变得十分丰富。目前，个人信贷在互联网上的应用已经十分发达，这正是因为上述平台所积累的数据的驱动。本书认为，这是"人"的数据的早期应用，即应用在个人信贷领域，下一步，在合法合规条件下，汇集企业雇员个人脱敏信息的"人"的数据指标，增加到企业信用风险模型中，将是企业信贷的又一个很大革新。这在目前的技术条件下，是完全可行的。

因此，关键是在于两点：第一，合法合规地取得上述平台所需要的"人"的数据；第二，建立这种"人"的数据与企业风险之间的关系，也就是模型的构建，这类模型能基于"人"的大数据，对企业风险有预警等功能。关于第一点，大数据和大型平台以及系统都是现实具备和条件成熟的，第一点的实施在于国家对大数据的开放度与监管度的推动，而第二点正是本书正在致力研究的。

二、理论贡献与启示

（一）理论贡献

1. 在企业风险评价维度中增加"人"的新维度

长期以来，企业的微观组织行为在金融机构对公信用风险研究框架中占比低的主要原因，一是缺乏系统的理论将企业的微观组织行为和企业信用风险进行关联，二是传统观点认为企业雇员数据是缺乏的，而且不容易收集。本书在这方面的理论贡献主要如下：

（1）基于笔者在银行信贷风险工作中的长期观察，依托组织行为学理论，选取实证准确率最高的震撼理论为基础模型，将风险企业的雇员和正常企业的雇员的简历数据进行二分类建模分析，借助 QSIM 定性仿真模型和信用评分卡进行建模，从而建立了企业雇员群体离职现象和企业的重大风险之间的联系，开拓了企业风险识别和预警的新的维度。

（2）本书建立了基于"人"的维度上的一整套的风控建模思路和方法。该思路直接从原始数据源选取，直到评分卡完成，是从端到端的完整应用实现，包括在第三方简历数据平台上取数的数据来源思路、模型的逻辑推导思路、基于履历分析技术的雇员简历测评方法、在评分卡中添加"人"的数据维度的建模思路。同时，本书的研究中开发了独立的数据搜索和计算引擎，这些构成了增加"人"的数据维度进行风控建模的一整套思路和方法，这是本书的一项理论贡献，现有文献中未发现该领域有类似的一套完整研究。

当然，仅凭人力资源数据进行单一维度的风险建模，其准确率肯定有限。本书采用评分卡的目的，是判断本书推导的假设是否成立，这些假设指标能否识别企业重大信用风险这种二分类现象。所以，"人"的维度在信贷工作中的实际应用，将添加到其他传统数据维度中，进行多维度数据的建模，才是有意义的风控模型，这是本书下一步将开展的工作。

2. 补充了震撼理论关于"震撼"的表现

震撼理论是迄今为止，验证准确率最高的雇员离职理论。但是，业界公认震撼理论有一个较大的缺陷，没有明确指出震撼事件包括哪些，这在很大程度上影响了震撼理论的应用。

本书研究和列举了大量现象，指出震撼理论中的震撼事件，指包括一场电影、一次旁人评论、一次项目聚会等给雇员带来震撼性思考和启发思考的事件，这种事件关键不是其规模大小和参与人员多少，关键在于其能够引发雇员对自身当前工作状态与心理映像的筛查对比的思考，这就是震撼事件。本书明确地指出了震撼模型的震撼事件含义。

（二）启示

1. 信息社会改变传统思维方式
本书研究带来的启示是，随着信息社会的发展，传统的思维观念将得到很大的改变。在金融行业中，风险管理作为金融的首要核心要素，在应用新技术和新理论方面一直处于行业的前茅。但金融风险管理在企业信用风险方面，长期以来一直维持原有的判断维度，并没有注意到企业的"人"这个新的风控变量，即没有通过企业的人员变化来判断企业风险。实际上，伴随着信息技术的进步、数据存储和数据库技术水平的提高，企业的雇员信息已经成为类似财务数据一样可以有效获取的数据维度，从而为一个新的维度的运用创造了条件。

2. 跨学科的应用，往往能带来新的成果

组织行为学虽然活跃在个人金融领域，但和企业金融交集很少。比较主流的业内观点认为，企业金融和组织行为学几乎不会有交集，因为个人金融是非理性行为，企业金融是理性行为，所以企业金融不涉及组织行为学。但从本书现有的研究看，企业金融也能够和组织行为学发生交集，这里的组织行为学指群体的行为特征。

经过本书的研究论证，这个交集确实成立，为企业金融风控开拓了新的广阔维度，这充分证明，不同学科之间的交叉研究，能给相关学科带来单一学科本身很难拓展出现的新的领域空间。

3. 解决数据孤岛非常重要

通过企业雇员这样的数据维度判断企业风险，应该能解决数据孤岛，加强数据共享。企业雇员的数据如个人简历、社保、税务等，每一类均分布在不同的数据孤岛上。当然，目前通过技术手段，也可以在合规的条件下进行实际应用，获取企业的雇员的群体行为特征，从而判断企业风险和等级。但是，相关技术手段的相应成本比较高。如果能实现数据共享、连通数据孤岛，能大为降低应用成本，为更多的金融企业识别企业重大信用风险以及降低对公信贷坏账创造条件。

参考文献

［1］ Allen D G, Weeks K P. Turnover intentions and voluntary turnover: The moderating roles of self-monitoring, locus of control, proactive personality, and riakaversion ［J］. Journal of Applied Psychology, 2005, 90 (5): 980-990.

［2］ Altman E I. Financial ratio, discriminant analysis and the prediction of corporate bankruptcy ［J］. Journal of Finance, 1968 (22): 589-609.

［3］ Alderfer C. An empirical test of a new theory of human needs ［J］. Organizational Behavior and Human Performance, 1969 (4): 142-175.

［4］ Beach L R. Image theory: Theoretical and empirical foundations ［M］. New York: Routledge, 1998.

［5］ Clark C. The conditions of economic progress ［M］. Madrid: Alianza Editorial S. A. , 1967.

［6］ Chaires H S J. Ethical climate's relationship to job satisfaction, organizational commitment, and turnover intention in the salesforce ［J］. Journal of Business Research, 2001, 54 (1): 39-52.

［7］ Chen T Y, Chang P L, Yeh C W. The study of career needs ［J］. Career Development Programs and Job Satisfaction Levels of R&D Person in the Case of Taiwan, 2003, 14 (6): 1001-1026.

［8］ Committee T P S. A guide to the project management body of knowledge ［M］. Philadelphia: Project Management Institute, 2004.

［9］ Copestake J. Mainstreaming microfinance： Social performance manage-ment or mission drift ［J］．World Development， 2007， 35 （10）： 1721 - 1738.

［10］ Duarte A P， Gomes D R， Das-Neves J G. Satisfaction with human resource management practices and turnover intention in a five-star hotel the me-diating role of perceived organizational support ［J］．DosAlgarves： A Multidisci-plinary Journal， 2015 （25）： 103-123.

［11］ Eby L T， Allen T D， Brinley A. A cross-level investigation of the re-lationship between career management practice and career-related attitudes ［J］．Group and Organization Management， 2005， 30 （6）： 565-596.

［12］ Eisenberger R， Stinglhamber F. Perceived organizational support： Fostering enthusiastic and productive employees ［M］．America： American Psy-chological Association， 2011.

［13］ Feng Y， Dong F， Xia X， et al. An adaptive fuzzy c-means method utilizing neighboring information for breast tumor segmentation in ultrasound ima-ges ［J］．Medical Physics， 2017， 44 （7）： 37-52.

［14］ Griffeth R T， Hom P W G S. A meta-analysis of antecedents and cor-relates of employee turnover： Update， moderator tests， and research implica-tions for the next millennium ［J］．Journal of Management， 2000， 26 （3）： 463-488.

［15］ Hornstein H A. The integration of project management and organiza-tional changemanagement is now a necessity ［J］．Project Management， 2015， 33 （2）： 291-298.

［16］ Huffman A H， Watrous-Rofrigues K M， King E B. Supporting a di-verse workforce： What type of support is most meaningful for lesbian and gay em-ployees ［J］．Human Resource Management， 2008， 47 （2）： 237-253.

［17］ James B D. The effect of organizational justice， perceived organiza-tional support， and perceived， supervisor on marketing employees' level of trust

［J］. Journal of Business Research, 2010, 63 (12): 1349-1355.

［18］ James D. Matching individual career plans and organizational career management ［J］. Proquest Psychology Journals, 1987 (30): 699-720.

［19］ Lee T W, Mitchell T R. An alternative approach: The unfolding model of voluntary employee turnover ［J］. Academy of Management Review, 1994, 19 (1): 51-89.

［20］ Lewin K. Principles of topological psychology ［M］. Translated by Fritz and Grace Heider. New York: McGraw-Hill, 1936.

［21］ Liews A. Economic development with unlimited supplies of labour ［J］. The Manchester School. 1954, 22 (2): 139-191.

［22］ Mobley W H. Intermediate linkages in the relationship between job satisfaction and employee turnover ［J］. Journal of Applied Psyehology, 1977 (62): 237-240.

［23］ Maslow A H. A theory of human motivation ［J］. Psychological Review, 1943 (50): 370-396.

［24］ Maier C, Laumer S, Eckhardt A, et al. Analyzing the impact of HRIS implementations on HR personnel's job satisfaction and turnover intention ［J］. The Journal of Strategic Information Systems, 2013, 22 (3): 193-207.

［25］ McInerney D M, Ganotice F, King R B, et al. Teachers' commitment of self-beliefs for teaching in hongkong ［J］. Educational Psychology: An International Journal of Experimental Educational Psychology, 2014 (1): 7-14.

［26］ Mitchell T R, Holtom B C, Lee T W, et al. Why people stay: Using job embeddedness to predict voluntary turnover ［J］. Academy of Management Journal, 2001, 4 (6): 1102-1121.

［27］ Moula F E, Chi G T, Abedin M Z. Credit default prediction modeling: An application of support vector machine ［J］. Risk Management, 2017, 19 (2): 158-187.

[28] Oliveira L B, Cavazotte F, Dunzer R A. Organizational career management, leadership support and employee attitudes: Evidence from brazil [J]. Academy of Management Proceedings, 2003 (1): 119-120.

[29] Peterson R S, Smith D B, Martorana P V, et al. The impact of chief executive officer personality on top management team dynamics: One mechanism by which leadership affects organizational performance [J]. Journal of Applied Psychology, 2003 (88): 795-808.

[30] Price J L. Reflections on the determinants of voluntary turnover [J]. Journal of International Manpower, 2001 (1): 7-14.

[31] Price J L. Reflections on the determinations of voluntary turnover [J]. International Journal of Manpower, 2000, 22 (7): 600-624.

[32] Price J. The study of turnover [J]. Ames: Iowa State University Press, 1977.

[33] Qi M, Zhao X L. Comparison of modeling methods for loss given default [J]. Journal of Banking & Finance, 2011 (35): 2842-2855.

[34] Raquel F L. Modelling of insurers' rating determinants: An application of machine learning techniques and statistical models [J]. European Journal of Operational Research, 2007 (183): 1488-1512.

[35] Rhoades L, Eisenberger R. Perceived organizational support: A review of the literature [J]. Journal ofApplied Psychology, 2002, 87 (3): 698-714.

[36] Russell C J. Is it time to voluntarily turn over theories of voluntary turnover [J]. Industrial and Organizational Psychology, 2013, 6 (2): 156-173.

[37] Sheridan J E, Abelson M A. Cusp-catastrophe model of employee turnover [J]. Academy of Management Journal, 1983, 26 (3): 418-436.

[38] Sousa-Poza A, Henneberger F. Analyzing job mobility with job turnover intentions: An international comparative study [J]. Journal of Economic

Issues, 2004, 38 (1): 113-137.

[39] Steers R M, Mowday R T. Employee turnover and post-decision accommodation process [M] // Cummings L L, Staw B M. ed. Research in Organizational Behavior. Greenwich, Conn.: JAI Press, 1981: 235-281.

[40] Stinglhamber F, Vanderghe C. Organizations and supervisors as sources of support and targets of commitment: A longitudinal study [J]. Journal of Organizational Behavior, 2003, 24 (3): 251-270.

[41] Sturges J, Guest D, Conway N, et al. A longitudinal study of the relationship between career management and organizational commitment among graduates in the first ten years at work [J]. Journal of Organizational Behavior, 2002, 23 (6): 731-748.

[42] Sweeney B, Kuenzi M, Greenbaum R, et al. How low does ethical leadership flow? Test of a trickle-down model [J]. Organizational Behavior and Human Decision Processes, 2009, 108 (1): 1-13.

[43] Tanova C, Holtom B C. Using job embeddedness factors to explain voluntary turnover in four European countries [J]. The International Journal of Human Resource Management, 2008, 19 (9): 1553-1568.

[44] Tavares S M, van Knppenberg D, van Dick R. Organizational identification and currencies of exchange integrating social identity and social exchange perspectives [J]. Journal of Applied Social Psychology, 2016, 46 (1): 34-45.

[45] Thomas W L, Terence R M, Lowell W. An unfolding model of voluntary employee turnover [J]. The Academy of Management Journal, 1994 (1): 77-95.

[46] Timothy B. The urban development potential of black-owned businesses [J]. Journal of the American Planning Association, 2006, 72 (2): 227-237.

[47] Vazifehdust H, Khosrozadeh S. The effect of the organizational socialization on organizational commitment and turnover intention with regard to moder-

ate effect of career aspirations intention［J］. Management Science Letters，2014，4（2）：712-713.

［48］Vroom V H. Work and motivation［M］. New York：Wiley，1964.

［49］Wayne A H，Charles K，Pamela L P，et al. Perceived organizational support as a mediator of the relationship between politics and work outcomes［J］. Journal of Vocational Behavior，2003（4）：438-456.

［50］Zimmerman R D. Understanding the impact of personality traits on individuals' turnover decisions：A meta-analytic path model［J］. Personnel Psychology，2008，61（2）：309-348.

［51］白重恩，刘俏，陆洲. 中国上市公司治理结构的实证研究［J］. 经济研究，2005（2）：8-9.

［52］边婷婷. 高技术企业人才流失预警与控制机制研究［D］. 中国矿业大学硕士学位论文，2013：7-8.

［53］蔡颖. CreditMetrics 模型和其在我国商业银行信用风险管理中的应用研究［D］. 东华大学硕士学位论文，2006：36-52.

［54］曹晶. 现代信用风险计量模型研究和比较［J］. 消费导刊，2008（9）：3-4.

［55］曹玉贵，孙洁，王焕焕. 高管背景特征与企业债务融资的实证研究［J］. 华北水利水电学报，2012（3）：48-50.

［56］陈传明，孙俊华. 企业家人口背景特征与多元化战略选择——基于中国上市公司面板数据的实证研究［J］. 管理世界，2008（5）：124-133.

［57］陈建安，程爽，陈明艳. 从支持性人力资源实践到组织支持感的内在形成机制研究［J］. 管理学报，2017（4）：519-527.

［58］陈倩倩，樊耘，李春晓. 组织支持感对员工创新行为的影响研究——目标导向与权力动机的作用［J］. 华东经济管理，2018（2）：43-50.

［59］陈同扬，刘玲，曹国年. 中国企业高管团队关系一致性对企业

绩效的影响研究：以上市公司为例［J］．现代管理科学，2010（7）：104-106.

［60］陈伟珂，黄艳敏．工程风险与工程保险［M］．天津：天津大学出版社，2005.

［61］陈霞．企业员工个人特质与主动离职路径选择之关系研究［D］．苏州大学硕士学位论文，2010：13-14.

［62］陈旭鸣．现代信用风险管理模型发展研究统计与决策［J］．统计与决策，2008（9）：3-4.

［63］程丽云，彭爱萍，曾小英．中山市综合医院护士组织职业生涯管理现状及离职意愿水平［J］．职业与健康，2018（4）：480-483.

［64］程砚秋．基于违约判别度的小企业信用风险评价研究［J］．科研管理，2015（1）：510-517.

［65］程志伟．组织支持感、情绪劳动对90后员工角色外行为的影响研究［J］．企业导报，2016（9）：138-139.

［66］迟国泰，李鸿禧，潘明道．基于违约鉴别能力组合赋权的小企业信用评级——基于小型工业企业样本数据的实证分析［J］．管理科学学报，2018，21（3）：105-126.

［67］迟国泰，潘明道，程砚秋．基于综合判别能力的农户小额贷款信用评价模型［J］．管理评论，2015，27（6）：42-57.

［68］迟国泰，张亚京，石宝峰．基于Probit回归的小企业债信评级模型及实证［J］．管理科学学报，2016，19（6）：136-156.

［69］丁祥海，喻瑶，王晓光．一线员工主动离职行为定性模拟研究［J］．生产力研究，2018（9）：132-135.

［70］封思贤，赵虎，范存斌．中小企业融资难的新特征及其破解［J］．经济问题探索，2012（8）：95-97.

［71］冯瑾．信用风险模型度量研究与相关应用［D］．西南财经大学硕士学位论文，2007：16-23.

［72］冯友宣，戴良铁．影响企业员工离职的原因分析及管理对策

[J]．商业研究，2005（5）：60-62．

[73]淦未宇，徐细雄．组织支持、社会资本与新生代农民工离职意愿[J]．管理科学，2018（1）：79-89．

[74]葛永波，曹婷婷，陈磊．农商行小微贷款风险评估及其预警——基于经济新常态背景的研究[J]．农业技术经济，2017（9）：105-115．

[75]郭庆海．小农户：属性、类型、经营状态及其与现代农业衔接[J]．农业经济问题，2018（6）：25-37．

[76]郭玉华．专家评价结果的综合问题探讨[J]．资治文摘：管理版，2010（5）：222．

[77]Herzberg F，Mausner B，Snyderman B B．赫茨伯格的双因素理论（第2版）[M]．北京：中国人民大学出版社，2016．

[78]杭琛．农商行农户小额信贷风险评价研究[D]．华侨大学硕士学位论文，2018．

[79]郝大山．新生代知识型员工离职管理研究[J]．山东社会科学，2016（5）：185-188．

[80]郝冬梅，赵煜，朱焕卿．组织职业生涯管理与员工离职意向：情感承诺的中介作用[J]．兰州大学学报（社会科学版），2016（1）：171-178．

[81]何超颖．我国商业银行信用风险度量研究——基于DEA模型的实证研究[D]．广东外语外贸大学博士学位论文，2015．

[82]何威风，刘启亮．我国上市公司高管背景特征与财务重述行为研究[J]．管理世界，2010（7）：144-155．

[83]何威风．管理者异质性视角下企业盈余管理研究[J]．经济与管理研究，2012（8）：109-114．

[84]何宜强．企业信用风险管理模型的比较[J]．统计与决策，2010（3）：171．

[85]赫茨伯格．赫茨伯格的双因素理论[M]．北京：中国人民大学

出版社，2009.

　　［86］胡斌，殷芳芳．集成 CA 与 QSIM 的非正式组织群体行为演化的定性模拟［J］．中国管理科学，2005（13）：131-136.

　　［87］胡斌，夏功成．集成因果推理和 QSIM 的人群行为定性模拟［J］．工业工程与管理，2004（3）：32-36.

　　［88］季健．管理者背景特征与企业绩效关系实证研究［J］．财经理论与实践，2011（9）：54-59.

　　［89］姜付秀，伊志宏，苏飞，等．管理者背景特征与企业过度投资行为［J］．管理世界，2009（1）：3-4.

　　［90］姜付秀，张敏，陆正飞，等．管理者过度自信、企业扩张与财务困境［J］．经济研究，2009（1）：131-143.

　　［91］金陈飞，张飘飘，刘道学，等．小微企业融资议价能力研究［J］．科研管理，2017，38（1）：98-106.

　　［92］金欣．个人信用评估指标及模型研究［D］．浙江财经大学硕士学位论文，2018：32-36.

　　［93］郎群秀，赵方苏．领导者行为与员工离职关系的调查研究［J］．河南科技学院学报，2014（3）：23.

　　［94］李延东，郑小娟．信用评分卡体系的发展及应用［J］．甘肃金融，2016（5）：43.

　　［95］李长春，周延操，万玻．基于过度自信理论的企业融资行为分析［J］．科学对社会的影响，2009（4）：30-34.

　　［96］李兆华．关于 Poincare 定理与 Perron 定理的证明［J］．浙江大学学报，1986，6（2）：26-31.

　　［97］梁妙银，王鑫业，张荣华．压力应对方式、心理健康与离职倾向的关系研究——以金融机构员工为例［J］．武汉金融，2017（7）：79-80.

　　［98］梁世栋．商业银行风险计量理论与实务［M］．北京：中国金融出版社，2011.

［99］凌文辁，方俐洛．心理与行为测量［M］．北京：机械工业出版社，2003.

［100］凌文辁，符益群，等．企业职工离职意向的影响因素［J］．中国劳动，2002（7）：23-25.

［101］凌文辁，张治灿，等．影响组织承诺的因素探讨［J］．心理学报，2003，33（3）：259-263.

［102］刘启亮，罗乐，张雅曼，等．高管集权、内部控制与会计信息质量［J］．南开管理评论，2013，16（1）：15-23.

［103］刘迫，闫舒迪，姜海云．电子领导力对员工敬业度的影响——组织支持感的中介作用［J］．软科学，2018（7）：65-69.

［104］刘宗华，李燕萍，毛天平．高承诺人力资源实践与员工绩效—组织支持感的中介作用［J］．软科学，2015（10）：92-95.

［105］刘志惠．大数据风控有效吗——基于统计评分卡与机器学习模型的对比分析［J］．统计与信息论坛，2019（9）：22-23.

［106］楼欣．价值观匹配与工作绩效的关系：组织支持感的中介作用与心理资本的调节作用［D］．浙江大学硕士学位论文，2018：3-4.

［107］吕蔚起，徐璟颖．民营企业90后员工薪酬满意度与离职倾向的关系分析［J］．中国商论，2017（16）：145-146.

［108］吕屹．高管团队和董事会的背景特征与国际化战略——以银行业为例［J］．辽宁大学学报，2015（3）：3-4.

［109］马姆杜，雷法特．信用风险评分卡研究［M］．北京：社会科学文献出版社，2013.

［110］马淑婕，陈景秋，王垒．员工离职原因的研究［J］．中国人力资源开发，2003（9）：18-20.

［111］马一宁，徐东方，王惠，等．农户信用评级体系构建的理论与实践——以河北省为例［J］．中小企业管理与科技（上旬刊），2017（2）：117-118.

［112］牟刚，袁先智．大数据架构下企业内部信用评级的实证研究

[J].系统工程学报，2016，31（6）：808-815+849.

［113］潘明道.基于违约风险判别的小型工业企业信用评级研究［D］.大连理工大学硕士学位论文，2016：13-14.

［114］彭文平.信贷配给、借款人特征与信贷市场结构［J］.南京审计学院学报，2009（1）：3-4.

［115］彭远东，周二华.科技人员离职原因及对策［J］.武汉船舶职业技术学院学报，2004（4）：44-47.

［116］曲静，陈树文.国有企业高管需求结构下各需求强度对离职倾向的影响［J］.软科学，2018（1）：67-72.

［117］任东峰.通过全面沟通化解核心人才流失危机［J］.中国人力资源开发，2010（2）：42-43+50.

［118］任志娟，陶润生，胡中慧.组织职业生涯管理对知识型员工职业成长的影响——组织支持感的中介作用［J］.湖北文理学院学报，2018（5）：48-52.

［119］荣芳，何晋秘.国际人力资本流动的可持续性探讨［J］.中国软科学，2002（6）：3-4.

［120］阮德信.信用问题的行为经济学分析［J］.经济理论与实践，2002（9）：42-44.

［121］沈建明.项目风险管理［M］.北京：机械工业出版社，2003.

［122］施宇峰.新生代知识型员工内在动机对离职倾向影响的实证研究［D］.湖南大学硕士学位论文，2016.

［123］石宝峰，程砚秋，王静.变异系数加权的组合赋权模型及科技评价实证［J］.科研管理，2016，37（5）：122-131.

［124］石宝峰，靳鹏，吴比.农村信用合作社竞争力评价及影响因素分析——基于陕西107家农信社面板数据［J］.农村金融研究，2018（4）：61-66.

［125］石宝峰，王静，迟国泰.普惠金融、银行信贷与商户小额贷款融资——基于风险等级匹配视角［J］.中国管理科学，2017，25（9）：

28-36.

[126] 石宝峰，王静．基于 ELECTRE Ⅲ 的农户小额贷款信用评级模型 ［J］．系统管理学报，2018，27（5）：854-862.

[127] 石庆焱，靳云汇．多种信用评分模型在中国应用的比较研究 ［J］．统计研究，2004（6）：34-36.

[128] 石晓军．商业银行信用风险管理研究——模型与实证 ［M］．北京：人民邮电出版社，2007.

[129] 孙健敏，陆欣欣，孙嘉卿．组织支持感与工作投入的曲线关系及其边界条件 ［J］．管理科学，2015（2）：93-102.

[130] 孙梦玲．组织职业生涯管理、情感承诺与工作投入的关系研究 ［D］．河北大学硕士学位论文，2015.

[131] 苏保祥．银行业重大信用风险处置机制研究 ［J］．金融监管研究，2016（5）：48-62.

[132] 陶丙印．我国企业信用风险管理博弈分析 ［D］．首都经济贸易大学硕士学位论文，2009.

[133] 田静．企业员工生涯适应力、组织职业生涯管理与工作投入的关系研究 ［D］．南京师范大学硕士学位论文，2015.

[134] 田美玉，陈小红．我国商业银行信用风险管理研究 ［J］．湖南财经高等专科学校学报，2006，22（101）：29-31.

[135] 田中禾，王双林．企业财务困境的信号特征研究 ［J］．企业天地，2004（6）：61-63.

[136] 汪洪艳，陈志霞．绩效考核政治对员工组织公民行为的影响——差序氛围的调节作用 ［J］．经济经纬，2018（1）：92-99.

[137] 汪曙．私营企业员工流动频繁的原因与对策 ［J］．人类工效学，2001（7）：3.

[138] 王爱华．企业人力资本投资风险研究 ［D］．华中科技大学论文，2005.

[139] 王芳，薛波．试析员工安全感缺少的原因与对策 ［J］．企业

导报，2014（3）：61-63.

［140］王亮龙．管理者背景特征、内部治理与代理成本关系研究——基于 2010 年沪深 A 股上市公司的实证分析［J］．会计研究，2012（8）：68-72.

［141］王林浩．组织支持感、组织承诺对互联网企业员工离职倾向的影响研究［D］．东南大学硕士学位论文，2017.

［142］王品超，刘春兰．人才流失问题探析［J］．工业技术经济，2001（2）：3-4.

［143］王文俊．员工流失理论综述［J］．现代企业教育，2010（20）：95-96.

［144］王晓群．风险管理［M］．上海：上海财经大学出版社，2003.

［145］王一佳，马泓，陈秉正．寿险公司风险管理（第 1 版）［M］．北京：中国金融出版社，2003.

［146］王玉芹．铁路运输企业员工离职状况及动因分析［J］．铁道经济研究，2003（2）：43-45.

［147］王玉芹，等．高科技企业员工离职模型［J］．中国人力资源开发，2001（10）：19-21.

［148］王忠民，陈继祥，续洁丽．影响员工离职的若干组织因素［J］．科学学与科学技术管理，2001（11）：3-4.

［149］王桐桐．钢铁贸易行业信用风险特殊性分析——以相关企业重大风险事件为例［J］．冶金经济与管理，2017（1）：15-18.

［150］王忠民，陈继样，等．试论影响员工离职的若干组织因素［J］．管理现代化，2001（5）：44-46.

［151］魏永成，陈勇．现代信用风险度量模型研究［J］．当代经理人，2006（8）：3-4.

［152］翁清雄，卞泽娟．组织职业生涯管理与员工职业成长：基于匹配理论的研究［J］．外国经济与管理，2015（8）：30-42.

［153］吴冲，吕静杰．我国商业银行信用风险成因分析［J］．企业

经济，2004（1）：172-173.

［154］吴晓波，隋易宏，程晓鑫．中国企业高管团队异质性与企业国际化程度——基于中国 A 股主板上市公司数据的实证研究［J］．西安电子科技大学学报，2015（3）：3-4.

［155］吴雨，宋全云，尹志超．农户正规信贷获得和信贷渠道偏好分析——基于金融知识水平和受教育水平视角的解释［J］．中国农村经济，2016（5）：43-55.

［156］肖斌卿，杨旸，李心丹，等．基于模糊神经网络的小微企业信用评级研究［J］．管理科学学报，2016，19（11）：114-126.

［157］谢晋宇，王英．企业雇员流失分析模型评介（下）［J］．外国经济与管理，1999（6）：20-23.

［158］徐世勇，林琦．压力状况与知识员工创新素质关系分析［J］．中国软科学增刊，2010（1）：178-180.

［159］徐茜．知识型员工流动动力机制研究［M］．北京：经济科学出版社，2010.

［160］许科，陈永强．管理者信任行为与员工离职倾向的相关研究［J］．华北水利水电学院学报（社科版），2005（2）：51-52.

［161］薛守锋．八冶公司新生代知识型员工离职倾向研究［D］．兰州大学硕士学位论文，2015.

［162］颜爱民，李歌．企业社会责任对员工行为的跨层分析——外部荣誉感和组织支持感的中介作用［J］．管理评论，2016（1）：121-129.

［163］杨春江，马钦海．从组织依附视角理解离职：映像理论、"展开"模型和工作嵌入理论的融合［J］．预测，2010（29）：32-34.

［164］杨军，李红，张爱华．职业获益感与离职意愿对护士生活质量影响的路径分析［J］．中国医学伦理学，2017（4）：457-461.

［165］杨鹏，胡月星．履历分析技术在领导人才选拔中的应用［J］．新东方，2006（4）：17-21.

［166］姚瑶．组织支持感、心理契约与 IT 企业员工忠诚度的关系研

究［D］. 吉林大学硕士学位论文，2017.

［167］姚哲晖，等. 国有企业人才危机与对策的系统分析［J］. 中国人才，2002（3）：3-4.

［168］叶仁荪. 国有企业员工离职动因分析［D］. 西南交通大学博士学位论文，2005：13-14.

［169］叶仁荪，王玉芹. 国有企业员工退出行为的博弈分析［J］. 上海管理科学，2004（6）：52-54.

［170］叶莹. 企业高科技人员流动的经济学分析［D］. 西北大学硕士学位论文，2003：13-14.

［171］尹彦姗. 新生代员工工作家庭冲突、工作幸福感和离职倾向的关系研究［D］. 苏州大学硕士学位论文，2015：13-14.

［172］张广琦，陈忠卫，李宏贵. 什么样的创业团队才有助于降低离职倾向？——基于人际信任的视角［J］. 管理评论，2016（12）：127-144.

［173］张立峰. 人力资源管理强度对员工敬业度的影响——组织支持感的中介作用［J］. 沈阳师范大学学报（社会科学版），2016（3）：132-135.

［174］张莉，钱珊珊，林与川. 社会支持影响离职倾向的路径模型构建及实证研究［J］. 科学学与科学技术管理，2016（1）：171-180.

［175］张勉，李树苗. 知识型员工主动离职心理动因模型评述［J］. 心理科学进展，2002，10（3）：336.

［176］张勉，张德. Price-Mueller离职模型中价值观变量调节作用的实证研究［J］. 管理评论，2006，9（18）：46-51.

［177］张万军. 基于大数据的个人信用风险评估模型研究［D］. 对外经济贸易大学硕士学位论文，2016：13-14.

［178］张筝，黎永泰. 影响员工归属感的七大因素［J］. 企业活力，2007（8）：48-49.

［179］张小兵. 浅论当前商业银行重大信用风险事件成因及应对策略［J］. 现代商业银行导刊，2013（1）：39-41.

［180］赵志冲．基于违约损失率的小企业信用风险评级研究［D］．大连理工大学硕士学位论文，2017：13-14.

［181］中华人民共和国国家统计局．中国统计年鉴［M］．北京：中国统计出版社，2018.

［182］钟鸣．组织职业生涯管理与工作绩效的关系研究［D］．华南理工大学硕士学位论文，2018：13-14.

［183］中松义郎．人际关系方程式：用公式开拓你的人生［M］．桂林：漓江出版社，1990.

［184］周文霞，辛迅．组织职业生涯管理对个体职业生涯管理的影响：一个被调节的中介模型［J］．中国人民大学学报，2017（3）:80-89.

［185］周霞，王亚丹．强制性公民行为对知识型员工离职倾向的影响研究：一个有调节的中介模型［J］．科技管理研究，2018（5）：159-165.

［186］周晓艳．新老员工关系，冲突未起制度先行［J］．现代商业，2014（36）：3-4.

［187］周星洁．对行为金融学理论的探视和思考［J］．山西财政税务专科学校学报，2014（3）：3-4.

［188］朱乾宇，罗兴，马九杰．我国台湾地区农业信用保证的制度安排及启示［J］．农业经济问题，2015，36（2）：52-59.

［189］朱莹．不同类型农户小额信贷信用风险影响因素差异研究［D］．西北农林科技大学硕士学位论文，2015：13-14.

［190］邹建平，蔡运兴，程策希．上市公司诚信评价系统设计的技术路线和数学应用模型［J］．经济专论，2003（5）：31-35.

［191］左小德，程守红．上市公司财务危机预警的实证研究［J］．数学的实践与认识，2008，38（8）：7-14.

［192］左小德，张进财，陈振炜．中国企业管理创新的驱动力——兼与西方企业的比较［J］．管理世界，2015（1）：182-183.

离职事件半结构式访谈

离职事件半结构式访谈-01

个人信息：

姓名：翟先生

性别：男

学历：本科

岗位：公司副总经理

（1）您在公司工作多长时间后离职？

答：我在公司工作两年多后离职的。

（2）您在公司的工作职责是什么？

答：我主要分管公司产品开发部、法务部、行政人事部。向董事长和总经理双线汇报。

（3）您入职时有什么样的期望和想法？您当时离职时，又是什么样的环境？什么情况导致了这种环境的产生？有哪些具体人员和单位参与了这个环境？

答：以前我在一家外企工作，这家外企非常知名，然后，有猎头当时向我介绍这家国有企业，我看地方太偏僻，就没考虑。后来那家国有企业的董事长听猎头介绍了我的情况，就非常感兴趣，前后通过猎头联系我多次，大约有半年时间吧。后来我有些动心，那边给出的是副总经理职位，而我在外企属于普通技术职位，过去算是一步到位转为高管了，可以积累这方面的管理经验。因为我年龄也不小了，一直做技术的话，发展的空间越来越窄。所以，我先去那家国企面谈了一次，也看了看他们的经营场所。但个人感觉不是太好，一是地理位置比较偏，二是实力不强，三是企业和人员的层面不高，四是收入比我原来在外企还低一些。回来后我想了一阵，主要觉得一是能积累高管经验，否则我这技术类的，随年龄加大，会越来越难找到就业机会，二是那家企业虽不好，但毕竟属于国有企业，以后可能会越来越好。

于是，我就入职了那家企业，这是我入职那时候的期望和想法吧。

但工作两年多后发现这家企业存在比较大的问题。第一是实力很薄弱，做什么事都有求于人，国企的股东领导之前承诺的资源落地等工作基本都没做到，开展工作非常难；第二是国企的董事长对行业基本不懂，属于搞关系型的半官僚，习惯于盲目指挥，特别是性格上较难相处；第三是企业总经理的能力层面十分有限，而董事长由于不懂业务，所以一直被企业总经理忽悠，导致企业长期发展不起来；第四是该企业所处的细分行业经历十多年的高峰后，开始出现中长期转折，正在走入下坡路，我已经很清楚地看到了这一点，董事长和总经理却没意识到。这是当时我离职前的具体环境。

（4）您当时的工作是什么？状态如何？

答：我主要是负责企业的产品开发、法律事务、行政人事等工作，其中，产品开发是公司最主要的核心部门，我在这方面有十多年的经验。

我入职后，发现整个国企的人员素质以及专业水平确实非常有限，通过设立产品研发标准、产品操作规范以及连续性的培训，本着把业务流程变成简捷易上手的流程思路，短期内在很大程度上迅速提高了员工的操作水平和专业能力，从而提高了企业的运行质量和运行效率。这些都是大家认可的。

（5）有没有一个具体的事情引发了您的离职考虑？

答：这个我想想。嗯，确实是有的。当时有一件事情，就是当时市政府派出一个检查组到公司检查。因为董事长是关系型的官员，他特别重视这种上级检查的场合，于是接待得很隆重。这位董事长虽然业务不精通，学历也不高，但确实是一个酒桌上的高手，其90%以上的工作都是在酒桌上谈笑推杯中解决的。不过，在那次宴席上，市政府过来的检查组领导好像不太看重董事长，只是表面上客套，当时我感觉出公司董事长属于政府中比较边缘的官员。公司董事长应该也感觉到了检查组领导的这一点，宴席上显露出一些失落感。但他好像要寻找失落情绪的出口，于是不知为什么把矛头对准了我，几次在宴席上对我言语十分不客气，这一点连检查组领导也看出来了。

这次宴席之后，我当天晚上就很有情绪，回去的路上反思了几年在公司的工作情况，觉得我当时入职是希望自己有较好的职业发展，现在公司经营状况每况愈下，连整个细分行业都走入下坡道了。公司日常内部环境也逐渐恶劣，董事长这人从性格上来说也一直不好相处，我没有理由再陪这种对经理层及员工都很苛刻的公司一直走下坡路。于是，我基本上做出了离职的决策，之后不久，我便辞职离开了那家公司。

（6）能否描述一下您在离职时那个环境下的心情、想法和采用的行动？

答：我离职的心情和行动这些，主要是我上面所讲的内容。离职时其实心态还是很好的，因为觉得这是一个正确的举动，就是离开一家下沉的公司，离开我们行业内一个下沉的细分行业，从另一个方面说，也算是解脱了一个包袱。

在行动方面，我借口公司太远了，家里又产生一些事情，所以家里人要求我回市内工作。其实董事长也知道这是个借口，他也没法拦阻，所以只能表面上客套客套，后面我办了离职手续。当时我还没有找新的工作就直接离职了，因为在职时候找新工作需要请假去面试。

（7）最后产生了什么样的结果？

答：最后我离开了那家公司，不过我现在回想，这还真是一个正确的选择，后来整个细分行业以及那家公司都越来越不行了。公司当时那批员工在后来几年内也大部分陆续离职了。

离职事件半结构式访谈－02

个人信息：

姓名：韦先生

性别：男

学历：本科

岗位：投资审批总监

（1）您在公司工作多长时间后离职？

答：我在公司工作一年多离职的。

（2）您在公司的工作职责是什么？

答：我在公司的投资条线负责对外投资的审批。就是说，公司投资部以及项目部的业务经理在外面找着了合适的投资项目，我们负责审核，如果审核通过了，公司就进行投资。这种项目一般是和公司各项主要业务相关联的。

（3）您入职时有什么样的期望和想法？您当时离职时，又是什么样的环境？什么情况导致了这种环境的产生？有哪些具体人员和单位参与了这个环境？

答：我当时入职时，主要觉得民营企业机制比较灵活，同时这家企业从外观上感觉正在蓬勃上升期，也有一定的规模。当时面试时，面试官告诉我，投资部可以形成合伙人机制，投资部的中高层人员如果投资业绩好，可以成为投资部的合伙人，可以分红。我觉得这一点不错，想把业绩做好，成为公司投资部的一个投资合伙人，这样就能借助于公司这个大平台给自己做事业了。

但是工作一年后我发现，公司以前在经济宽松期大量扩张，盲目上项目，没有资金流收支的规划，没有量入为出，并且借了大量的贷款。现在经济开始下行，坏账和贷款的压力一天比一天大，公司几乎没有能正常发工资的月份。公司的负责人换了一拨又一拨，感觉风险越来越大。我后来就离职了。

（4）您当时的工作是什么？状态如何？

答：我主要是负责审批公司的对外项目投资，审批内容主要是投资的可行性和具体投资方案。

（5）有没有一个具体的事情引发了您的离职考虑？

答：这个倒是有的。当时我们和公司老板接触其实很少，因为主要是投资部负责人直接与我们打交道。有一次，公司老板从外地总部来公司开会，因为我们公司的总部是在公司老板发家的一个偏远小城市，我们公司的投资事业部是公司最主要的部门之一，但设在我们这边一个大城市。他本人来公司后，非常粗鲁地指手画脚，满嘴脏话，令我很惊愕，我问了其他人，其他同事暗示该企业老板以前是建筑包工头出身，做了几个项目后又开始做房地产开发，赶上了好时候，产业越做越大，但自身素质很低，文化程度是初中还没毕业。

当天有一项工作是由我和投资部同事到公司老板所在的一家企业家俱乐部讲述公司发展的PPT。我给企业家刚讲了没几张介绍公司的PPT，公司老板非常生气而且没有礼貌地挥手打断了，发了几句牢骚，然后要我尽快讲其他部分。后来同事告知我，老板让我们讲PPT是想寻找其他企业家的融资资金，缓解资金困境，所以只要讲PPT的融资需求部分就可以了，不用讲公司介绍。但当时没有人告诉我这个，只是告诉说要讲述公司介绍的 PPT，所以我怎么能知道老板是这种需求？

当天下班后，从今天这个见面的事情，联想我目前的工作。我觉得一是公司现在资金非常紧，到处找融资，估计撑不了多久，我要尽早考虑出路；二是公司老板素质很低，我从心底里讨厌这种人，我不认为这种公司真能有多大的发展。我入职时候是想把业绩做好，发展成为公司的投资合伙人，现在看来不可能了。于是，我当天就决定尽快离职。后来，我找到一家大型上市公司的职位，就早早离开了这家企业，入职了上市公司。离开后大约 7 个月，我听说投资部快要关门了，因为多个项目因为资金链断裂而中断了，公司员工基本都被拖欠了工资；大约一年半以后，我听说几乎每周都有去公司闹事要求还款的资方，多家贷款银行在法院起诉了公司。我离职大约 3 年后，听以前同事说那个公司老板因为非法集资被判处了无期徒刑。

（6）能否描述一下您在离职时那个环境下的心情、想法和采用的行动？

答：我离职的时候没有很特别的心情，当时还担心公司不会批或者找我一些麻烦，但还好，公司的分管负责人也没有说什么，很快我就办完了离职手续。

（7）最后产生了什么样的结果？

答：就是我上面所说的，一是我离职了，去了其他单位。二是其他同事也看出苗头了，觉得公司虽然表面上还在花钱撑着，租的都是高档办公场所，搞活动也是邀请专业的会展和公关公司操作，但都认为公司可能撑不了多久。所以他们中的大多数也在外面找新的工作机会且陆续申请离职。三是公司不久就出现重大危机了，公司老板在公司爆发危机后就出事了，被检察院批捕了，过了两三年被判处无期徒刑。

离职事件半结构式访谈-03

个人信息：

姓名：沈先生

性别：男

学历：硕士

岗位：文字秘书

（1）您在公司工作多长时间后离职？

答：我在公司工作七年多离职的。

（2）您在公司的工作职责是什么？

答：我在公司最早是在财务部门工作，然后转到了信息技术部门工作了一段时间，之后去业务部门工作了几年，因为在文字工作上有一些能力吧，公司领导也听说了，于是调我到了公司办公室，主要是做文字秘书，就是负责起草各类报告、润色工作计划、编写公司简报、编写通知和组织一些宣传工作等。

（3）您入职时有什么样的期望和想法？您当时离职时，又是什么样的环境？什么情况导致了这种环境的产生？有哪些具体人员和单位参与了这个环境？

答：我这个之前的入职吧，是想成为公司的管理层，因为那家公司比较有规模，在业内有一定行业地位，许多员工也在公司里工作比较长时间，大多数员工以发展成为公司中高层为主要的价值取向。成为这家公司的中高层也算是在这个城市里拥有了一个比较认可的社会地位了。

我离职是综合原因产生的，主要是后来逐渐发现这家公司因经济效益不好，财务数字不好看，所以财务造假比较严重，主要用来套取银行贷款，而且公司因为效益不好，所以福利和奖金越来越少，比起以前公司风光的时候，差得太远。这应该是诱发我离职的内因吧。

（4）您当时的工作是什么？状态如何？

答：我负责起草各类报告、润色工作计划、编写公司简报、编写通知和组织一些宣传工作。

（5）有没有一个具体的事情引发了您的离职考虑？

答：我当时入职时是想逐步升职成为大型企业的管理层。后来，有一个偶然的事件引发了我的离职想法。当时我是骑车经过城市的一条街道，不经意间看到有个临街写字楼上广告牌是"低学费留学海外"，因为我以往觉得留学要很多钱，但这个广告写的是"低学费"，所以比较好奇。然后我去该留学咨询公司做了一个咨询，明白该公司代理海外正规公立大学研究生学位课程，只要通过这个大学在中国组织的一项考试，就可以按很低的学费入读。我当时就动心了，这算是一次偶然事件吧。

我回来前前后后想了一个星期，觉得当前公司不是太理想，因为我做文字秘书期间，发现这个公司长期在财务上有很多虚假包装和不真实的项目，以用来申请银行贷款，而且这家公司以前比较风光，现在呢，规模虽然在业内是算比较大的，但效益长期不佳，在福利和奖金方面都不理想。既然这个留学课程所需费用不高，也可以给我自己做一个跳板，镀一层金后再去寻找更好的工作单位。

所以，后来我就定下了离职。当然了，毕竟因为在这个企业里工作时间比较长了，离职不是一件简单的事情。我和家里人详细沟通了，家里人也比较支持。我把方方面面都权衡和想了一遍，觉得离职和留学确实是最好的选择，于是我参加了那个考试。比较意外的是，那个考试还挺有难度，但我最终幸运地通过了。于是我就申请了离职，并办理了手续出国留学。

（6）能否描述一下您在离职的当时环境下的心情、想法和采用的行动？

答：我离职的时候，心情还是不错的，因为觉得自己找到了一条正确的道路。

（7）最后产生了什么样的结果？

答：我留学回国几年后，曾经回到那家公司看望以前同事，虽然物价涨得厉害，但他们工资几乎没有涨。这让我很惊讶，可见我当时离职是对的。再后来，听说那家公司有了麻烦，因为有一笔大额贷款没有还上，结果被人揭发财务造假，导致几个主要领导以骗取贷款的罪名被刑事拘留，公司也被几家银行起诉了，后来的具体情况就不清楚了。

离职事件半结构式访谈-04

个人信息：

姓名：刘女士

性别：女

学历：硕士

岗位：高级咨询师

（1）您在公司工作多长时间后离职？

答：我在公司工作三年多离职的。

（2）您在公司的工作职责是什么？

答：以前我一直是在国企做行业分析师的，后来辞职去读了研究生，毕业后，就找了这一份工作，在管理咨询公司做管理咨询师。

（3）您入职时有什么样的期望和想法？您当时离职时，又是什么样的环境？什么情况导致了这种环境的产生？有哪些具体人员和单位参与了这个环境？

答：入职是因为这单位在业内做得比较好吧，离职是因为感觉公司前景不好。

（4）您当时的工作是什么？状态如何？

答：我主要是负责对甲方企业做管理咨询。在这个公司里，除了工作压力大，经常加班和非常频繁地出差，其他倒还能接受。

（5）有没有一个具体的事情引发了您的离职考虑？

答：这个我想想吧。噢，这个细节还确实是有的。我的离职确实是由一个小细节引发的。当时吧，有一个周末晚上，我和几个朋友吃饭，去看了一场演出。其中有一个片段是女主角的家人被诊断得了重症，而女主角却没有钱治疗，四处告贷无门。这个事情让我很快地联想起我当时在公司中的实际处境了。

因为那一年很少见公司董事长出现。有同事私下传言说可能董事长出事了，可能是涉及我们北方的一个大型项目。由于那个项目的甲方领导已经由于受贿被批捕了，我们董事长很可能因为行贿拿到该项目而卷入到了案件中，所以很少来公司了。而公司好像资金突然一下十分紧张，原定的年终奖也取消了，甚至出现过几次当月没有支付工资的情况，虽然工资后来还是发了，但这种异常情况在以前几年从来没有出现过。特别是公司的财务岗位，频繁更换了好几人。前段时间也有两三次不友善的陌生面孔的人来公司，看样子感觉像是政府执法人员。通过这些种种内部迹象，我已经察觉到公司面临比较大的问题，七成以上将出现大的风波，特别是董事长很可能是有涉案的大麻烦了。

当时看了那场演出后，我回来反复想了一阵，我觉得要离开这个公司，避免自己在职而摊上不必要的麻烦，何况我家中父母的身体也不好，和那个演出片段很类似。其实我对公司和公司董事长都印象不错，公司发展很好，董事长也比较好相处。但我认为自己个人没必要卷入这种案件风波，而且公司目前看来发展势头已经受到了外力的很大的负面影响。

经过反复考虑后，我决定离职。之后我找到了下一家单位，并想好了具体的离职借口，向那家管理咨询公司申请和办理了离职。

（6）能否描述一下您在离职的当时环境下的心情、想法和采用的行动？

答：当时我本人的家庭生活并不是太稳定，所以经过那个演出片段联想起离职之后，也是经过了一番思前想后的考虑，但后来觉得还是应该离职，所以办理了离职手续。

（7）最后产生了什么样的结果？

答：我离职后去了另一家管理咨询公司。但我原来工作的那家公司果然出了问题，我离职后不久，董事长就被逮捕了，罪名是特大行贿。董事长被捕后，原来那家公司在管理层的维持下，还运行了快一年，然后就停止业务了，直到现在过去好几年了，都没有恢复运营。

致　谢

　　本书源于我在工作中比较长时间思索和研究的一个问题。多年前我在集团负责信贷风险管理部门与法律合规部门，同时分管人力资源部门。我在对许多投融资项目进行审批时，意外从智联、前程无忧等招聘网站中搜索发现，那些最后爆发重大风险的企业，在其重大风险处于隐藏与酝酿状态时，几乎都有相似的员工群体离职特征。从那时起，我开始思考金融风控领域中极少有人提到的一个可能性，就是企业隐含的重大信用风险，会在企业员工的群体性离职中表现出来。

　　基于在金融风控行业长期的工作经验，我意识到，如果解决了这个问题，无论是从基础理论上还是从实际需求上，对于金融风控领域均意味着一个重要的突破。于是，我开始系统地研究与思考该问题，并个人外聘了数据与开发团队，购买服务器和数据库，用数年时间前后共收集了 4T 的数据进行整理清洗并构建模型，最终完成了本书。

　　在此，我要首先感谢暨南大学管理学院左小德教授。左老师把握学科前沿的敏锐洞察力、渊博的学术知识、精益求精的工作作风、丰富的研究经验，深深地感染并激励着我。这本书从立意到确定研究框架再到定稿的环节中，左老师都给了我专业、细心而关键的指导，为我指明研究方向以及研究要点。我在此谨向左老师致以诚挚的谢意和崇高的敬意！

在本书撰写期间，我还得到了王国庆教授、王霄教授等暨南大学管理学院老师的热心指导和帮助！同时，我也得到我父母家人对我的无私帮助，没有父母家人的积极支持，我很难静心完成本书的研究和编写。

最后，向对本书提供帮助的老师与专家们致以真诚谢意并敬请批评指正。

希望探讨与交流的读者，可通过以下方式联系我：

电子邮箱：dannychen1998@ hotmail. com

微信：dannylife1912

陈 飞

2022 年 3 月 9 日